mindspeed-Verlag, CH-Oberkirch/LU
www.mindspeed.ch
Alle Rechte beim mindspeed-Verlag
Lektorat: Eo, D-Berlin und mindspeed-systems
Abbildungen: Tibor Kuppan, CH-Sempach/LU
Herstellung: Book on Demand GmbH
© 1. Auflage März 2011
ISBN 978-3-033-02765-7

Sandra C. Tschan

AKE

Reisen ins eigene Universum

Selbsterforschung durch ausserkörperliche Erfahrung

Die Übungen in diesem Buch sind von der Autorin sorgfältig ausgesucht und überprüft worden; dennoch kann keine Garantie übernommen werden. Eine Haftung der Autorin und ihrer Beauftragten, für Personen-, Sach- und Vermögensschäden ist ausgeschlossen.

Inhaltsverzeichnis

Vorwort .... - 9 -

Einführung .... - 13 -
    Was heisst AKE? .... - 13 -
    Wer ist für AKE geeignet? .... - 13 -
    Der Nutzen von AKEs .... - 14 -

Teil I .... - 17 -
    Wie alles begann .... - 17 -
    Erste Erfahrungen .... - 19 -
    Falsche Vorstellungen .... - 22 -
    Was passiert bei einer AKE? .... - 26 -

AKE selbst auslösen .... - 30 -
    Hauptübung .... - 30 -
    Ziele aussuchen .... - 36 -
    Mit 7 Schritten zum AKE-Erlebnis .... - 38 -
    Willen und Disziplin .... - 40 -
    Kurz und bündig .... - 41 -
    Erste Anzeichen des Erfolgs .... - 42 -
    Tipps während des AKE-Zustandes .... - 44 -
    Schwingungserhöhung und Ablösungsprozess .... - 45 -
    Konzentration im AKE-Zustand .... - 47 -
    Gedanken- und Vorstellungskraft .... - 49 -
    Die Wandlungsfähigkeit des Astralkörpers .... - 50 -

Zeitwahrnehmung im AKE-Zustand .... - 52 -
Die physische Ebene aus Sicht der AKE .... - 53 -
Kurzphasen der AKE ausnutzen .... - 55 -

Ausgedehnte Reisen .... - 61 -
Tiere .... - 61 -
Sexualität .... - 63 -
Die Astralebenen .... - 65 -
Wiedersehen mit Verstorbenen .... - 67 -
Planetenexkursion .... - 70 -
Unterstützende Geistwesen .... - 73 -
Erfahrungen mit Geisthelfern .... - 75 -

Teil II .... - 81 -
Die innere Welt des eigenen Seins .... - 81 -
Erfahrungen in der "aktuellen Lebensspirale" .... - 87 -
Unterschied zwischen Seele und Hohem Selbst - 114 -
Hilfe weiter geben .... - 115 -

III Teil .... - 123 -
Sehen und Wahrnehmen im AKE-Zustand .... - 123 -
Emotionen .... - 128 -
Selbsterschaffene Angstwesen .... - 130 -
Ängste im Alltagsleben umwandeln .... - 133 -

Kinder ....- 137 -
AKE und körperliche Gebrechen ....- 139 -
Verwicklung - Entwicklung! ....- 141 -
Die feinstofflichen Körperhüllen ....- 146 -
Illusion - das Leben in der Dualität ....- 153 -
Gibt es Gott in der feinstofflichen Welt? ....- 156 -

Teil IV ....- 157 -
Sensibilisierungs-Übungen für Anfänger ....- 157 -
AKE-Übungen ....- 162 -
Die Kundalini-Energie ....- 174 -
Gutenachtgeschichte für Kinder ....- 180 -
Hilfe für Sterbende ....- 183 -

Häufig gestellte Fragen ....- 189 -
Nachwort ....- 197 -
Nur für den Fall… ....- 199 -

Die eine Gottheit verbirgt sich in jedem Lebewesen, dennoch durchdringt er Alles und ist das Innerste Wesen in Allem. Er ist das Zeugnis ablegende Bewusstsein, formlos und unsterblich.

                Svetasvetar- Upanishad (VI:11)

Vorwort

Die Erkenntnisse der feinstofflichen Welten, die diesem Buch zugrunde liegen, resultieren aus meinen spontanen, sowie meinen selbstausgelösten ausserkörperlichen Erfahrungen, die ich seit circa zwanzig Jahren erlebe.

Ohne die Hilfe meiner Mutter, die meine Notizen in eine leicht verständliche Form gebracht hat, wäre dieses Buch nie zustande gekommen. Deshalb gebührt ihr bereits ganz am Anfang mein "innigster Dank".

Das Phänomen der ausserkörperlichen Erfahrung ist von Seiten der Wissenschaft bislang nicht anerkannt, da es für das Austreten aus dem physischen Körper keine objektiven, also durch Messinstrumente belegten Beweise gibt. Aber in den vergangenen Jahrhunderten hat sich das Weltbild der Wissenschaft mehrfach gewandelt und mit jedem Paradigmenwechsel ging jeweils ein Wechsel sowohl der Methoden wie auch der Sichtweisen einher.

Hypothesen, und seien sie noch so gewagt, haben daher ihre Berechtigung und stellen eine bedenkenswerte Alternative dar, solange, bis sie widerlegt werden. Indem ich zum Beispiel Informationen über Phänomene zusammentrage, die ich mir zunächst nur ansatzweise erklären kann, erhalte ich in der Summe schliesslich ein Bild, das mir eine Deutung erlaubt. Diese ist sicher mehr subjektiv als objektiv anzusehen, denn es gibt leider im Bereich der eigenen Erfahrungswirklichkeit immer nur eine subjektive Objektivität.

Daher ist es auch wichtig, dass Sie Ihre eigenen Erfahrungen mit der feinstofflichen Welt machen und daraus Ihr individuelles Weltbild zu formen versuchen. Dann werden Sie einfacher dahin finden, die subjektive Wahrheit, die in diesem Buch zum Ausdruck kommt, für sich selbst zu bestätigen.

Bedenken Sie in diesem Zusammenhang, dass ein Weltbild niemals abgeschlossen ist, sondern stets die Möglichkeit einer Veränderung in sich trägt.

Mit den empfohlenen Übungen und den Erfahrungsberichten ist dieses Buch somit als eine Art Einführung zu verstehen, um dem interessierten Leser einen Weg in die Welten der ausserkörperlichen Erfahrungen aufzuzeigen.

Wenn Sie also mit Disziplin und Willen die einzelnen Übungen befolgen, können Sie diese Befähigung selbst trainieren und auf diesem Weg durch Selbsterforschung spirituelle Erkenntnisse gewinnen – und in der Lage sein, zu erkennen, wer und was Sie wirklich sind.

Waren Sie bisher ein "Glaubender und Hoffender", so bieten ausserkörperliche Erfahrungen die Möglichkeit sich in diesen Bereichen zu einem "wissenden Menschen" hin zu entwickeln.

Einführung

Was heisst AKE?

AKE (engl. OBE, out-of-body-experience) ist die Abkürzung für "Ausserkörperliche Erfahrung"; dies bezeichnet ein Erlebnis, bei dem der Betroffene die Empfindung hat, sich ausserhalb seines eigenen physischen Körpers zu befinden, verbunden mit dem Eindruck, diesen von aussen wahrzunehmen.

Wer ist für AKE geeignet?

Alle Menschen, die psychisch gesund sind, einen starken Willen haben, Neugier und Abenteuerlust verspüren, um in neue Welten einzutauchen.

Eine gewisse Disziplin und Durchhaltevermögen für tägliche AKE-Übungen sind unbedingt erforderlich, damit sich der Erfolg einstellt.

AKE ist nicht gebunden an irgendwelche Glaubensvorstellungen; abgesehen von dem Glauben an sich selbst, der die Voraussetzung darstellt, eine AKE erleben zu können.

Der Nutzen von AKEs

1. Individuelles aber bislang verdecktes Wissen wird zugänglich.

2. Eigene Grenzen und Ängste werden erkannt, abgebaut und dadurch wirkliche Freiheit erlebt.

3. Körperliche Beschwerden und alle Arten von Körperlähmungen sind aufgehoben.

4. Gefühle können positiv genutzt und intensiv erlebt werden.

5. Verschiedene Fähigkeiten können erworben werden.

6. Die Selbstheilung kann aktiviert und erfahren werden.

7. Entwicklung und Vertiefung der Intuition.

8. Steigerung der Lebensfreude.

9. Ganzheitliche Zusammenhänge können erkannt und erfahren werden, zum Beispiel durch Reisen in vergangene Leben.

10. Entdeckung und Erkundung vielschichtiger physischer und nicht physischer Dimensionen.

11. Konzentrationskraft und Gedankenkontrolle werden gestärkt und wirken sich auch im Alltag positiv aus.

12. Nach erfolgter AKE ist der physische Körper voller Vitalenergie.

13. Die Angst vor dem Tod wird verringert, da erkannt wird, dass der Mensch ein evolvierendes Bewusstsein hat, das unabhängig vom physischen Körper lebt, und daher unsterblich ist.

14. Ein AKE-Praktizierender wird im Augenblick des Todes wissen, wie er sich bewusst vom physischen Körper trennt.

Teil I

Wie alles begann

Mitten in der Nacht wache ich auf; mein Körper kribbelt und vibriert. Ich habe das noch nie zuvor erlebt und bin neugierig, was jetzt mit mir passiert. Das sonderbare Gefühl verstärkt sich, gleichzeitig höre ich ohrenbetäubende, dröhnende und scheppernde Geräusche. Die Anspannung in mir wächst. Das Beben und der Lärm werden lauter und ein ungeheurer Druck legt sich auf mich. Es ist ein merkwürdiger Zustand, der mich eigenartigerweise gar nicht ängstigt, sondern neugierig macht. Aufmerksam warte ich darauf, was wohl weiter mit mir passiert.

Plötzlich werde ich wie von Geisterhand in die Luft gehoben und sause mit hoher Geschwindigkeit, gleich einer Rakete, aus dem Zimmerfenster ins All hinaus. Ungewohnte Stille umgibt mich und ich fange an, in dieser lautlosen Unendlichkeit zu schweben. Ein berauschendes Gefühl von Freiheit und Glück durchströmt mich, wie ich es bis dahin noch niemals erfahren habe. Das Ereignis fühlt sich absolut real an. Als mir dann bewusst wird, dass ich draussen im

All bin und nicht in meinem Bett liege, spüre ich sofort einen starken Zug nach hinten. Wie ein losgelassenes Gummiband schnelle ich zurück in meinen Körper. Mein Herz rast wie wild. Fassungslos, aber nicht sonderlich erschreckt, sondern freudig aufgeregt, liege ich hellwach in meinem Bett. Mein Verstand sagt, dass das alles nicht möglich sein kann, und trotzdem fühle ich, dass mein Erlebnis mehr als ein Traum war.

Danach bin ich wohl kurz eingeschlafen, denn das Schrillen des Weckers lässt mich erschreckt hochfahren. Mein Blick fällt auf die leere dickwandige Kristallvase auf meinem Nachttisch. Ein langer, tiefer Sprung durchzieht das Glas. Waren die Töne, die ich nachts gehört hatte, die Ursache davon? Ich beginne meine Eindrücke aufzuschreiben.

Nach diesem Erlebnis im Jahr 1992 begann eine lange Entdeckungsreise, die mich dank der ausserkörperlichen Erfahrung (nachfolgend auch als AKE bezeichnet) in die feinstofflichen Welten führte. AKE sollte für mich ein noch grösseres Abenteuer werden als all die Nervenkitzel, die ich vorher in meiner Freizeit gesucht hatte.

Erste Erfahrungen

Nach dem ersten Erlebnis geschah es öfter, dass mein Körper mitten in der Nacht zu vibrieren und zu beben anfing. Wenn die Schwingungen zunahmen, surrte es laut um mich herum. Mein ganzer Körper kribbelte. Sie können sich das Gefühl ungefähr so vorstellen, als wenn Ihnen Arme und Beine einschlafen.

Danach begann eine Phase, mit der ein ständiger Wechsel zwischen Vibration und Körperstarre, Austritt und Eintritt aus dem physischen Körper stattfand. Als ob ein Teil von mir den Körper nicht loslassen wollte.

Andere Male spürte ich starke Energien durch verschiedene Chakren fliessen. Besonders heftig pulsierten sie im dritten Auge, im Herzzentrum, sowie in Händen und Füssen. Manchmal hatte ich auch das Gefühl, als ob ich an Beinen und Armen gepackt und aus meinem materiellen Körper gezerrt würde.

Zu Beginn wehrte ich mich vehement gegen diese Zustände. Damit verschlimmerten sich aber nur die lästigen Phasen.

Es kam vor, dass ich im AKE-Zustand vor Panik schrie. Die Anfangserlebnisse machten mir deutlich, dass hier eine grosse Kraft am Werk war, über die ich keine Kontrolle zu haben schien.

Irgendwann merkte ich dann, dass, wenn ich mich diesen Empfindungen hingab, sie sich schneller beruhigten und mein Astralkörper sich leichter von meinem physischen Körper löste. Ich lernte, die Emotionen umzuwandeln, indem ich mich auf ein heiliges Wesen konzentrierte. Dadurch wurden die nächtlichen Reisen kontrollierbarer und verschafften mir so die Möglichkeit, meine nähere und weitere Umgebung zu erkunden.

Heute kann ich mit gutem Gewissen sagen, dass ich zu keiner Zeit in Gefahr war. Ich bin sogar der Überzeugung, dass die Ursache des Zerrens und Ziehens geistige Helfer waren, die sich zusammenschlossen, damit ich meinen Körper verlassen konnte und mich anschliessend bei meinen ausserkörperlichen Erfahrungen unterstützten.

Es vergingen viele Monate, bis ich echte Fortschritte machte und die Erlebnisse richtig einordnen konnte.

Angesichts der Tatsache, dass das kollektive menschliche Bewusstsein heute einen rasanten Entwicklungsprozess durchläuft, könnten meine Anleitungen und Erfahrungen nützlich sein, um schneller und leichter positiven Nutzen aus einer AKE zu ziehen.

Falsche Vorstellungen

Befürchtungen, die häufig geäussert werden:

„Kann ich mich ausserhalb meines Körpers verirren und dadurch nicht mehr in meinen physischen Körper zurückfinden?"

Es braucht sehr viel mehr Konzentration, sich ausserhalb des Körpers aufzuhalten als in den Körper zurückzukehren. Der Astralkörper ist im ausserkörperlichen Zustand durch ein *Band* mit unserem physischen Körper verbunden, das in der Literatur als Silberschnur bezeichnet wird. Diese kann sich, gleich einem Gummiband, ausdehnen und zusammenziehen.

Die Silberschnur kann nicht vom Körper getrennt werden oder einfach abreissen – auch nicht durch Fremdeinwirkung auf den Astralebenen. Es genügt, nur kurz an den feststofflichen Körper zu denken und augenblicklich werden Sie in ihn zurückgezogen.

„Können mir fürchterliche Gestalten begegnen?"

Fürchterliche oder Angst machende Gestalten sind zumeist vom AKE-Reisenden selbst erschaffene Wesen, die er durch negative Gedankenmuster zum Beispiel Ängste, Begierden, Hass, Zorn, Neid usw. energetisch speist. Dafür trägt der Verursacher die Verantwortung. Das bedeutet aber gleichermassen, dass die Gedanken und Emotionen, die von ihm gebildet wurden, ebenso wieder von ihm aufgelöst werden können.
Lesen Sie dazu mehr unter dem Kapitel: Selbsterschaffene Angstwesen, Seite 130.

„Kann ein fremdes Wesen meinen Körper besetzen, während ich mich auf einer feinstofflichen Ebene aufhalte?"

Bei geistiger Gesundheit kann kein anderer Geist Besitz von Ihnen ergreifen.
So wie ich es erlebt habe, sitzt jeweils ein Schutzgeist neben dem "leeren" Körper und bewacht ihn, bis die AKE beendet und der Eintritt in den eigenen Körper wieder vollzogen ist.

„Kann ich dabei sterben?"

Sterben können Sie dabei nicht. Aus langjährigen Erfahrungen kann ich sagen, dass alle derartigen Befürchtungen vollkommen grundlos sind. Wenn die Angst zu gross ist, wirkt sie wie eine Sperre, die Sie daran hindert, den Körper bewusst zu verlassen.

Alle Menschen, und damit meine ich ausnahmslos alle, trennen sich jede Nacht unbewusst von ihrem Körper. Doch hebt sich bei denjenigen, die sich weder kreativ noch spirituell beschäftigen, der Astralkörper zumeist nur einige wenige Zentimeter über den schlafenden physischen Körper.
Bei anderen Menschen entfernt sich der Astralleib und beschäftigt sich mit Alltagsdingen oder er wird sogar auf anderen Ebenen geschult. Das passiert dann in der Regel im unbewussten Zustand. Durch bestimmte AKE-Übungen aber wird es möglich, den feinstofflichen Körper ganz bewusst auszusenden.

Sobald die "Schlafphase" vorüber ist, wacht jeder Mensch naturgemäss wieder auf, jedoch mit dem Unterschied, dass der Eine das Erlebte ins Tagesbewusstsein mit hinüber nimmt, während der Andere sich dessen gänzlich unbewusst bleibt.

Denken Sie aber immer daran, dass der Tod eine Tatsache des Lebens ist. Ohne Tod kein Leben. Je länger Sie die Konfrontation mit dem Tod hinausschieben, desto grösser werden damit auch Angst und Unsicherheit. Der Tod ist, so seltsam sich das anhören mag, das einzig Sichere im Leben. Warum also sich nicht darauf vorbereiten, um danach befreit leben zu können?

Auch wenn Sie AKE ausüben, bleibt der Tod ein Geheimnis. Nutzen Sie dennoch die Möglichkeit, ihm näher zu kommen; vielleicht erwachen Sie mit der befreienden Gewissheit aus einer AKE, dass der Tod nicht das absolute Ende sondern die Transformation in einen anderen Bewusstseinszustand darstellt.

Was passiert bei einer AKE?

Eine AKE besteht aus vier Teilen:

Erste Etappe: Die Schwingungserhöhung

Das Anfangsstadium einer AKE liegt dann vor, wenn sich der Schwingungszustand des Astralkörpers erhöht. Das kann sich in Juckreiz, Taubheit, Hellsichtigkeit, inneren Geräuschen wie Summen und Brummen, Katalepsie (Körperstarre) äussern.
Auch Wortfetzen, die Anrufung des eigenen Namens, Musik, Klingeln, Pfeifen und Wind sind nicht selten. Es kommt oft vor, dass man mit einem Mal spürt, wie ein Kraftfeld um den Körper herum rotiert, oder es wird als ein inneres Schaukeln, Vibrieren, Drehen oder Ziehen erlebt.

Diese Erfahrungsbeispiele treten selten zusammen auf, können aber bei jedem neuen AKE-Versuch in der einen oder anderen Variante zum Ausdruck kommen.

Zweite Etappe: Die Ablösung vom physischen Körper/Der Austritt

Sobald die Schwingungserscheinungen sich über den ganzen Körper ausgedehnt haben, ist es erforderlich, sich willentlich sofort vom Körper weg zu bewegen, zum Beispiel in Richtung Tür, damit die Trennung vom leiblichen Körper rasch vollzogen wird. Der Ablösungsprozess kann auch als ein Emporheben, Schweben oder als ein Gefühl, des "sich –aus –dem –Körper–hinausrollen" erfahren werden.

Dritte Etappe: Der AKE-Zustand

Es ist oft gar nicht so einfach, sich in diesem Zustand zu halten. Zumeist nimmt man sich irgendwo schwebend im Astralkörper wahr. Es ist ein befreiendes Gefühl, "ohne" feststofflichen Körper zu sein, und dennoch kann es sich so anfühlen, als ob man körperlich real sei oder aber, dass man sich "nur" als Geist wahrnehme.

Die physikalischen Gesetze sind aufgehoben, sodass Wände und Mauern jetzt nicht mehr fest sondern mühelos durchdringbar sind. Das Fliegen wie auch die Fähigkeit, sich an Wunschorte zu denken und dort sofort einzutreffen, ist nichts Ungewöhnliches.

Um dies etwas deutlicher zu machen hierzu eine AKE von mir:

(AKE)
Nachdem ich mich von meinem Körper löse, stehe ich in meinem Astralkörper im Wohnzimmer. Ich breite wie Supermann meine Arme aus, und gebe mir den Befehl: „Ich will zum Mond". Dabei beuge ich leicht meine Knie und stosse mich vom Fussboden ab. Ich konzentriere mich auf den Mond und sause von der Erde in den Weltraum zu den Sternen, dabei fühle ich mich beschützt und nicht allein. Im All fixiere ich mich nicht mehr auf den Mond, weil ich vor lauter Freude Purzelbäume schlage. Eine kraftvolle Energie durchströmt mich. Es ist ein wundervolles Gefühl der körperlichen Freiheit, das ich geniesse, bis meine Konzentration nachlässt und es mich wieder in meinen Körper zurückzieht.

Vierte Etappe: Der Eintritt

Der Wunsch in den eigenen Körper eintreten zu wollen genügt, um sofort hineingezogen zu werden. Dabei kann der Befehl gegeben werden: „Ich will in meinen physischen Körper zurück." Das geschieht oftmals vorzeitig, wenn die Konzentration auf ein Ziel nachlässt. Das Gefühl der grenzenlosen Freiheit schwindet dann wieder und man spürt sich schlagartig in eine begrenzte und formfeste Hülle hineingezogen.

Nach erfolgter AKE wird ein schnellerer Herzschlag spürbar, der einige Zeit anhalten kann, sowie ein energetisches Kribbeln, das durch den ganzen Körper läuft. Der eigene innere Ton wird zudem oft laut und deutlich vernommen. Da der Adrenalinspiegel erhöht ist, kann es eine gewisse Zeit dauern, bis man wieder einschlafen kann.

AKE selbst auslösen

Ich stelle hier eine meiner bevorzugten Übungen vor, bei der ich der Meinung bin, dass sie vielen interessierten Menschen zu einer ausserkörperlichen Erfahrung verhelfen kann.

Sensibilisierungs-Übungen für Anfänger sowie verschiedene Techniken, die ebenfalls erfolgreich sind um eine AKE auszulösen, habe ich Ihnen in Teil IV dieses Buches zusammengestellt.

Wichtig: Visualisieren Sie, bei allen nachfolgend beschrieben Übungen, wie Sie nach **rechts** aus Ihrem Bett beziehungsweise aus Ihrer Körperhülle treten.

Hauptübung

Diese Übung sollten Sie am besten in einer Nacht durchführen, wenn Sie am Tag darauf ausschlafen können. Denn Sie werden mindestens 9 Stunden Schlafenszeit brauchen! Der Erfolg hängt von den Sinneswahrnehmungen ab, die Sie während der Übung aufleben lassen sollten. Für das Training müssen Sie sich dreimal in der

Nacht nach jeweils drei Stunden wecken lassen.

Im Bett visualisieren Sie, wie Sie assoziiert[1] nach rechts aus dem Bett steigen und zur Zimmertür gehen. Untersuchen Sie mit Ihren Händen die Tür, benutzen Sie dazu intensiv das Tastgefühl, versuchen Sie auch durch die Zimmertür zu gehen, ohne diese zu öffnen.

Wenn Sie sich das nicht gut vorstellen können, visualisieren Sie, wie Sie die Türe aufmachen und hindurch gehen, um ins Badezimmer zu gelangen. Stoppen Sie zuerst bei der Badezimmertür, führen Sie dort das gleiche Prozedere wie bei der Zimmertür durch und gehen Sie dann weiter zum Waschbecken. Dort tasten Sie alle Gegenstände, die um das Waschbecken stehen, intensiv ab. Waschen Sie sich dann mit Seife sorgfältig die Hände und trocknen Sie anschliessend die Hände mit einem Handtuch ab. Achten Sie auch hier wieder auf die Sinneswahrnehmungen. Zuletzt schauen Sie sich genau im Spiegel an. Visualisieren

---

[1] Sich gedanklich nicht von aussen zu beobachten, sondern sich, wie im Alltag auch, aus der Eigensicht wahrzunehmen.

Sie dabei im Spiegelbild, wie Sie mit der Hand über Ihr Gesicht streichen und versuchen Sie gleichzeitig das Streicheln körperlich zu spüren.

Erinnern Sie sich daran, wie es sich anfühlt, dies alles zu tun, ohne es physisch auszuführen. Wenn Sie Mühe haben, sich das vorzustellen, üben Sie es erst im reellen Leben und danach rufen Sie die Erinnerung ab.

Wichtig ist jedenfalls, dass, wenn Sie sich erinnern, Sie dies mit allen Sinnen tun. Sobald Sie abschweifen, was überhaupt nichts ausmacht, beginnen Sie mit der Übung wieder von vorn. Verweilen Sie solange wie möglich bei der Türe oder im Bad, bis Sie einschlafen.

Wenn der Wecker nach 3 Stunden klingelt, ist dies das Signal für Sie, nun den genau gleichen Ablauf wie zuvor beschrieben zu visualisieren, – bis Sie nochmals einschlafen und nach weiteren 3 Stunden zum zweiten Mal geweckt werden. Wiederholen Sie den Prozess und, stellen Sie sich abermals die gleichen Handlungen vor.

Wenn nach den nächsten drei Stunden der Wecker zum letzten Mal schellt und Sie erneut aufweckt – und es bereits **Tag** ist – versuchen Sie im hypnagogen Zustand (Phase zwischen Wach- und Schlafzustand) zu bleiben.

Denken Sie immer wieder folgende Affirmation: ***Ich bin ausserkörperlich*** – und treten Sie gedanklich <u>***rechts***</u> aus der Körperhülle aus und "platzieren" Sie sich assoziiert neben dem Bett und gehen Sie dann in Richtung der Zimmertür, bleiben Sie dort und befassen Sie sich nur mit der Türe.

Zu diesem morgendlichen Zeitpunkt ist es wahrscheinlich noch einfacher, durch den hypnagogen Zustand und der vorangegangen Übungsnacht, eine AKE zu erleben oder zumindest erste Erfahrungen mit Ihrer Schwingungserhöhung zu machen.

Denken Sie insbesondere daran, dass diese Hauptübung (durch das mehrmalige Wecken) dazu führen kann, dass Sie am Folgetag unkonzentrierter am Arbeitsplatz sein dürften. Achten Sie dementsprechend darauf, das Training vor arbeitsfreien Tagen durchzuführen.

Ziel dieser Übung ist es;

a.) das Unterbewusstsein für eine AKE zu sensibilisieren.

b.) das Wachbewusstsein soweit wie möglich in die Schlafphase hineinreichen zu lassen.

c.) den hypnagogen Zustand auszudehnen.

d.) dass die Schwingungsindikatoren wirksam werden, indem der Astralkörper die gleiche Zeremonie, wie etwa "zur Zimmertür und ins Badezimmer zu gehen", im Schlafmodus selbstständig ausführt und sich dadurch vom physischen Körper ablöst.

e.) dass das Träumen im Allgemeinen aktiviert wird und die Rückerinnerung an Träume leichter fällt.

f.) dass Sie von nun an bewusst(er) träumen und so vom Traumkörper aus in den AKE-Zustand wechseln können.

g.) dass Sie sich direkt astral im Badezimmer (oder auf dem Weg dorthin) wahrnehmen, ohne vorher die Schwingungserfahrung gemacht haben zu müssen.

Ein AKE-Erlebnis muss nicht immer in der Phase geschehen, in der die Übung ausgeführt wird. Die Erfahrung kann auch ganz unverhofft bei einem Mittagsschlaf oder in einer Nacht eintreten, in der man es am wenigsten erwartet.

Vom Anfänger zum Meister braucht es Zeit und bedarf daher der Übung. Das gilt für alle neu zu erlernenden Tätigkeiten, sei es nun im Sport, in der Kunst oder im Berufsleben. Deshalb ist es wichtig, das Training genau und ausdauernd zu praktizieren.

Ziele aussuchen

Für eine künftig erfolgreiche AKE müssen Sie wissen wohin Sie wollen und was Sie wollen. Das heisst, Sie brauchen ein klares Ziel.

Beginnen Sie anfänglich mit kleinen Zielen wie etwa:

- zur Türe gehen und versuchen mit der Hand durch die geschlossene Türe zu greifen.
- aus dem Schlafzimmer durch die Wand in den nächsten Raum gehen.
- ums Haus herum oder in Nachbars Garten laufen.
- einen Freund, welcher in etwas weiterer Entfernung wohnt, aufsuchen.
- zu fliegen; um dies tun zu können, ist es hilfreich, wenn Sie ein Ziel haben, wie zum Beispiel den Mond zu erkunden. Seien Sie nicht betrübt, wenn Sie den Mond beim ersten Mal nicht gleich erreichen – das Fliegen selbst ist schon ein gigantisches Erlebnis.

Überlegen Sie sich zuerst, was Sie erleben möchten.

Wenn Sie zu zweit AKE üben, können Sie sich gegenseitig aus dem physischen Körper helfen. Das Ziel der Übung wäre dann:

Zum Partner zu gehen und ihn geistig aufzuwecken und ihn aus dem Körper zu ziehen.

Anstelle des gemeinsamen Betts wäre bei dieser Zielstellung eine kleine räumliche Trennung von Vorteil, um bei der AKE Abstand zum eigenen physischen Körper zu halten.

Mit 7 Schritten zum AKE-Erlebnis

1. Gehen Sie nicht später als 23.00 Uhr zu Bett. Wenn Sie am Tag üben, verdunkeln Sie am besten den Raum.

2. Treffen Sie Vorkehrungen, dass Sie nicht durch äussere Reize wie etwa Telefon, Türklingel oder Kinder gestört werden. Ansonsten wird Ihr Verstand immer versuchen zu analysieren, was gerade um ihn herum passiert und kann daher nicht völlig loslassen.

3. Legen Sie Block und Stift neben das Bett und schreiben Sie ab heute jeden Traum/AKE oder jede Kleinigkeit eines noch so vermeintlich unbedeutenden Erlebnisses auf. Dadurch signalisieren Sie Ihrem Unterbewusstsein, dass alles, was Sie in der Nacht erleben, von höchster Bedeutung und Wichtigkeit ist. Das Wach- und Unterbewusstsein wird somit in hohe Bereitschaft versetzt, sich alles zu merken.

4. Vergessen Sie die Alltagssorgen, was zählt, und das ist jetzt das Wichtigste, ist nur noch der Wunsch eine AKE zu erleben! Erwarten und fühlen Sie, dass Sie diese Nacht eine ausserkörperliche Erfahrung machen werden.

5. Wählen Sie ein Ziel aus und beginnen Sie, es sich zu verinnerlichen.

6. Legen Sie sich auf den Rücken; diese Lage vereinfacht das Hinaustreten aus dem physischen Körper. Es ist jedoch in anderen Liegepositionen auch möglich. Sie sollten vor allem darauf achten, dass Sie bequem liegen und keine einengende Bekleidung tragen.

7. Starten Sie mit der Hauptübung auf Seite 30!

Willen und Disziplin

Jeder Mensch, der ein wichtiges Ziel erreicht hat, wird Ihnen bestätigen, dass dazu in erster Linie Willen und Disziplin nötig waren. Lernen Sie also diszipliniert zu sein, dann werden Sie belohnt werden. Die AKE-Übung muss zur Gewohnheit werden. Dies wiederum erfordert den Willen, ein AKE-Erlebnis haben zu wollen.

Am Anfang mag es vielleicht schwierig sein durchzuhalten, wenn sich nicht gleich nach den ersten Übungsversuchen ein Erfolgserlebnis einstellen will. Aber meine Anleitungen, Ihre Disziplin und Ihr Willen werden Ihnen dabei helfen, erfolgreich AKEs durchzuführen.

Bei allem Willen und aller Disziplin sollten Sie aber das Spielerische und die Neugierde an der Sache selbst nicht vergessen.

Kurz und bündig

- Vorbereitungen treffen
- sich ein Ziel verinnerlichen
- AKE-Übung praktizieren
- das Erlebte aufschreiben
- Willen und Disziplin zur Wiederholung aufbringen
- Neugierde und Spass an der Sache haben

Folgende Punkte sollten Sie vor einem AKE-Training nach Möglichkeit vermeiden:

- Alkoholkonsum und allzu schweres und üppiges Essen
- Fernsehen oder Bücher lesen, die gewalttätige oder aufregende Inhalte haben
- negative Gedanken und Konfliktsituationen
- jegliche Art von Drogenkonsum

Erste Anzeichen des Erfolgs

- Sie fangen an, sich an Ihre Träume zu erinnern.
- Sie träumen, dass Sie fliegen.
- Sie wachen im Traum auf und wissen, dass Sie träumen.
- Das ausserkörperliche Erlebnis selbst ist traumähnlich.
- Sie fühlen sich frühmorgens wie "zerschlagen".
- Ihre Gliedmassen zucken beim Einschlafen oder Aufwachen.
- Sie erwachen ruckartig.
- Sie wissen beim Aufwachen einen kurzen Moment nicht, wo Sie sind oder wer Sie sind.
- Sie hören beim Aufwachen einen lauten Knall.
- Sie erleben eines der beschriebenen Merkmale, die bei der Erhöhung des Schwingungszustandes in Erscheinung treten können.

Wenn Sie plötzlich öfter als gewohnt nachts aufwachen, ist dies ein unverkennbares Zeichen dafür, dass Ihr Unterbewusstsein mitarbeitet und Sie immer wieder weckt, um die Übung weiterzuführen. Das sind alles Anfangserfolge, die Sie ermutigen sollten weiterzumachen.

Misserfolge können verursacht werden durch:

- Furcht vor dem Unbekannten
- unbewusste Befürchtungen
- Festhalten am physischen Körper
- ungewollte Konzentration auf den physischen Körper
- Ziellosigkeit
- unbequeme Lage im Bett
- Aussengeräusche dringen in das Bewusstsein ein
- Toilettendrang

Tipps während des AKE-Zustandes

Wenn Sie nichts sehen, sagen Sie zu sich selbst in Gedanken klar und deutlich: *"Ich öffne jetzt meine astralen Augen"*.

Bei undeutlichem Sehen: *"Ich sehe klar und deutlich"*, oder *"ich bitte um Frequenzanpassung."*

Sobald die Konzentration nachlässt: *"Ich bin vollkommen konzentriert!"*

Bei Befürchtungen oder Hilflosigkeit: *"Ich bitte um Hilfe."*

Wenn Sie Ihr Ziel vergessen haben: *„Ich bitte um Führung!"*

Bewahren Sie Ruhe in jeglicher Situation!

Schwingungserhöhung und Ablösungsprozess

Wenn Sie noch nie die Erfahrung einer Schwingungserhöhung des Astralkörpers gemacht und für sich erlebt haben, kann dieser Prozess zu Beginn als unangenehm empfunden werden. Deshalb ist es ganz bedeutsam für Sie zu wissen, was auf Sie zukommen könnte. Damit Sie sich in der Schwingungsphase souverän zu verhalten vermögen und so das anfängliche Unbehagen oder die in Ihnen aufkeimende Unsicherheit abbauen können.

Wenn Empfindungen wie Katalepsie, Vibration oder ein rotierendes Kraftfeld bei der Schwingungserhöhung im Körper auftreten, ist es sehr wichtig, dass Sie sich nicht gegen diese Phänomene wehren, sondern sich mutig hineinbegeben (es quasi geschehen lassen), ansonsten wird der Verlauf des Austretens aus dem Körper nur unnötig verlängert. Begibt man sich jedoch hinein, so beginnt sich die Schwingung kurzzeitig zu verstärken, um sich dann im ganzen Körper auszubreiten.

Manchmal ist es auch so, dass nur ein Körperteil die Schwingungserhöhung erfährt. Durch die Konzentration auf die betroffene Stelle kann sich die Schwingung stärker aufbauen und sich sehr schnell im ganzen Körper ausdehnen.

Das sind die wesentlichen Voraussetzungen, damit sich der Astralkörper vom physischen Körper trennen kann.

Zusätzlich wird der Ablösungsprozess verkürzt, indem Sie sich vorstellen, wie Sie neben Ihrem Bett stehen oder sich geistig den Befehl geben: „Ich will zur Zimmertür!" Sobald die Trennung vollzogen ist, hören die erwähnten Begleiterscheinungen mit einem Mal auf.

Nach mehreren AKEs wird die Stärke des Schwingungszustandes abnehmen, der Ablösungsprozess geht dann immer schneller und unspektakulärer vonstatten.

Konzentration im AKE-Zustand

Sobald Sie im AKE-Zustand sind, müssen Sie Ihre Gedanken konzentriert und kontrolliert auf eine Idee ausrichten. Wenn Sie zu lange zögern und nicht genau wissen, was Sie möchten, zieht es Sie kurzerhand wieder in den physischen Körper zurück. Wie wichtig dies ist, sei anhand eines einfachen Beispiels deutlich gemacht:

Schauen Sie einem 3-jährigen Kind zu und Sie werden bemerken, wie schnell es sich ablenken lässt. Das Kind will malen, es schleppt Buntstifte an und Sie geben ihm Papier. Da sieht es ein Spielzeug-Auto am Boden liegen und beginnt damit zu spielen. Das Malvorhaben ist vergessen, bis Sie das Kind daran erinnern, dass es malen wollte. Dann zeichnet es vielleicht ein paar Striche auf das Papier und rennt davon, weil es lieber ein Bilderbuch anschauen will. Danach sieht das Kind, dass Sie einen Apfel essen und schon will es auch einen Apfel haben usw.
Bei einem Kleinkind reagiert der physische Körper sofort auf jeden einzelnen Gedanken.

Im AKE-Zustand verhält sich der Astralkörper ähnlich, durchaus vergleichbar mit einem 3-jährigen Kind.

Es ist gut möglich, dass Sie irgendwohin wollen und auf einmal kommt Ihnen etwas anderes in den Sinn. Wenn Ihre Gedanken nur flüchtig oder unkonzentriert sind, erreichen Sie weder das eine noch das andere Ziel und Sie landen "bloss" irgendwo. Deshalb ist es wichtig, das Ziel vorher auszuwählen und es sich gleichzeitig zu verinnerlichen. Je klarer und fokussierter Gedanken sind, desto einfacher gestaltet sich die AKE-Reise.

Während des AKE-Zustandes können Sie immer wieder Ihren Wunsch wiederholen: zum Beispiel: „Ich will zum Mond, ich will zum Mond"– bis Sie das Ziel erreicht haben. Mit der Übung wird es dann leichter, sich ohne Ablenkung auf **einen** Zielpunkt zu konzentrieren.

Gedanken- und Vorstellungskraft im AKE-Zustand

Setzen Sie sich selbst am besten keine Grenzen und halten Sie alles für möglich. Vorurteile werden von Ihnen selbst kreiert. Zum Beispiel wenn Sie sich nicht zutrauen, fliegen zu können, werden Sie es auch nicht erleben. Wenn Sie die Vorstellung oder Erwartung haben, Ihnen könnte etwas passieren, wird Ihr Verstand die Befürchtungen unter Umständen kreieren. Gehen Sie also mit klaren Zielvorstellungen in eine AKE hinein und erwarten Sie positive Ergebnisse – und es wird geschehen!

Im astralen Zustand passiert – im Gegensatz zur physischen Realität, wo sich die Gedanken langsamer auf die Umwelt auswirken – alles sofort.

So ist es auch mit der Form des Astralkörpers. Nur die Annahme und Vermutung, die durch die Gedanken- und Vorstellungskraft geprägt wird, hält den Astralkörper als menschliches Abbild aufrecht.

Die Wandlungsfähigkeit des Astralkörpers

Wenn ich davon ausgehe, dass der Mensch reines Bewusstsein ist, lässt sich die Form des Astralkörpers je nach persönlicher Vorstellung jederzeit verändern.

Das folgende ausserkörperliche Erlebnis zeigte mir die Wandlungsfähigkeit meines Astralkörpers:

(AKE)
Ich katapultiere förmlich aus meinem Körper heraus und ehe ich weiss, wie mir geschieht, liege ich auf dem Fussboden neben meiner Stereoanlage. Mit Erstaunen sehe ich, dass sie blau fluoreszierend leuchtet. (Damals ahnte ich noch nicht, dass jedes physische Abbild von diesem fluoreszierenden Licht umgeben ist.) Alles um mich herum sieht riesengross aus und ich fühle mich irgendwie nur als körperloses Bewusstsein.

Erst jetzt bemerke ich, dass ich als etwa faustgrosse Kugel auf dem Fussboden liege. Nach dem ersten Schreck, macht es mir nichts aus, eine Kugel zu sein, denn ich kann mich trotzdem vorwärts bewegen und meine Gedanken sind klar. Das macht mich neugierig und ich dehne mich immer weiter aus, bis ich das ganze Zimmer ausfülle – und lasse mich gleich darauf wieder auf Murmelgrösse zusammenschrumpfen. Das Experimentieren mit den Proportionen macht mir Spass.

„Die Kugel ist halt die einfachste Form die am wenigsten Energie braucht, um ihren Zustand aufrecht zu erhalten."

Nach einigen weiteren Versuchen wechsle ich wieder in meine ursprüngliche astrale Körperform und denke mich wieder in meinen feststofflichen Körper zurück. Ich weiss jetzt, dass die Form des Astralkörpers nach Vorstellungsmöglichkeit beliebig veränderbar ist.

Um unsere Umwelt immer klarer wahrnehmen zu können, sollten wir bereit sein, uns von alten Vorstellungen und Annahmen zu lösen. Das öffnet die geistigen Grenzen für Neues und schafft Raum für spirituelle Weiterentwicklung.

Zeitwahrnehmung im AKE-Zustand

Die Zeit ist im AKE-Zustand aufgehoben. Dies lässt sich am ehesten mit dem Zeitempfinden im Traum vergleichen. Sie können eine AKE erleben und das Gefühl haben, dass Sie sich sehr lange Zeit ausserhalb Ihres physischen Körpers befunden haben.

Das Erlebnis, gemessen in unserer Zeitrechnung, dauerte tatsächlich jedoch nur wenige Minuten.

Die physische Ebene aus Sicht der AKE

Im ausserkörperlichen Zustand ist es meiner Erfahrung nach nicht möglich, auf die physische Welt einzuwirken und diese mit den Astralaugen gleichsam 1:1 wahrzunehmen, weil sich der Astralkörper in einem anderen Schwingungszustand befindet.

Die Atome von sogenannten feststofflichen Körpern schwingen mit circa 900 km/Sek., so dass der physische Körper die materielle Welt als fest wahrnimmt und darin leben kann; alles was höher, beziehungsweise schneller schwingt, ist für das menschliche Auge einfach nicht sichtbar. Dazu zählen die Radio-, Fernseh- oder Infrarotwellen, die unter oder über der menschlichen Wahrnehmungsschwelle liegen.

Der materielle Körper kann nicht in feinstoffliche Welten eingreifen, ebenso wie auch der Astralkörper nicht in feststoffliche Welten eindringt (sonst könnte man ja keine physische Mauer durchdringen).

Der Astralkörper ist dafür da, die astralen Welten kennenzulernen. Anders ausgedrückt, wenn Sie im Astralkörper sind, können Sie die materielle Welt nicht klar und deutlich sehen, weil Sie sich in einem anderen Schwingungszustand befinden. Sie haben jetzt einen Schwingungszustand, der vergleichbar zum physischen Körper wiederum nur eine bestimmte Bandbreite an Schwingungen wahrnehmen kann.

Nutzen Sie den Astralkörper also für die Astralwelten und vergeuden Sie die AKE nicht mit sinnlosen Experimenten, wie zum Beispiel mit dem Ziel in die irdische Materie eingreifen zu wollen.

Kurzphasen der AKE ausnutzen

Sollte es Ihnen anfänglich nicht gelingen, sich längere Zeit im AKE-Zustand aufzuhalten, können Sie diese kurzen Phasen trotzdem ausgezeichnet nutzen, um:

- Negative Gefühle in positive umzuwandeln
- den Krankheitszustand zu beeinflussen
- Fähigkeiten zu erwerben

Negative Gefühle in positive umwandeln:

Wenn Sie im Alltagsleben wegen zu vieler Konflikte nicht mehr lebensbejahende Gefühle wie zum Beispiel:

- Lebensfreude und Enthusiasmus
- inneren Frieden
- Harmonie
- Freiheit
- Liebe

oder Momente tiefen Glücks erleben können, schwächen Sie Ihr Immunsystem. Die neuesten Erkenntnisse aus der Psychoneuroimmunologie (PNI) machen zweifelsfrei deutlich, dass es eine eindeutige Beziehung zwischen negativem Stress, Immunsystem und Krankheit gibt. Viele der Studien, die von PNI Forschern erstellt wurden, zeigten, dass eine positive Einstellung und gesunder Optimismus auch in schwierigen Lebenssituationen eindeutig zur Erhaltung der Gesundheit beitragen; übrigens ein wichtiger Faktor, der das Leben wesentlich verlängern kann.

Nur, wenn ein gefühlsmässiges Tief dominiert, ist es schwer, aufbauende Gefühle entstehen zu lassen.

Der AKE-Zustand bietet hier eine wertvolle Hilfe an:

1. Sie können positive Gefühlszustände erleben, allein dadurch, dass Sie nach ihnen verlangen.

2. Gefühle werden um ein vielfaches intensiver erlebt als auf der feststofflichen Ebene.

3. Diese Gefühle können in den physischen Körper transferiert werden. Dadurch werden die Körperzellen mit den neuen Informationen programmiert und Glückshormone ausgeschüttet.

Dies hat einen bedeutenden Einfluss auf das körperliche Wohlbefinden und das Immunsystem. Positive Gefühle mindern die Anfälligkeit gegenüber Krankheiten, wie zum Beispiel Stress- und Infektionskrankheiten. Die Immunabwehr wird gestärkt, Selbstheilungskräfte werden aktiviert und Heilungsprozesse dadurch beschleunigt.

Auf der mentalen Ebene unterstützt eine positive Lebenseinstellung die Kreativität sowie die Intuition im Alltag.

Sagen Sie im AKE-Zustand zu sich:
„Ich bitte um Lebensfreude" (inneren Frieden, Freiheit, Harmonie, Liebe oder Glückseligkeit). Nach dieser Aussage werden Sie sofort das gewünschte Gefühl intensiv erfahren. Erleben Sie es tiefgreifend, warten Sie jedoch nicht bis es abflaut, sondern konzentrieren Sie sich auf dem Höhepunkt des Gefühls wieder auf Ihren physischen Körper und geniessen Sie in ihm das Wohlbefinden, das Sie durchströmt.

Das ist ähnlich wie bei einem emotionalen Traum, meist hält das "gute" oder auch "schlechte" Gefühl im Wachzustand mehrere Stunden oder sogar den ganzen Tag an. Gewiss haben Sie das schon mal erlebt.

Den Krankheitszustand beeinflussen:

Manche Menschen berichten mir, dass es ihnen leichter fällt den Körper zu verlassen, wenn sie mit Fieber im Bett liegen.

Wenn es der Krankheitszustand erlaubt, können Sie mit AKE weiter experimentieren. Gelingt es Ihnen, während einer Krankheit Ihren Körper bewusst zu verlassen, bitten Sie um: „Vollkommene Genesung sofort!" Oder noch besser, spezifizieren Sie, wovon Sie geheilt werden möchten, erleben Sie das Gefühl und gehen Sie dann wieder in Ihren physischen Körper zurück.

Dadurch, dass der feinstoffliche Körper einerseits die Gewohnheiten des feststofflichen Körpers annimmt (weil unsere Vorstellung den Astralkörper prägt) und andererseits der Geist die Materie formt, ist es sehr wahrscheinlich, dass es funktionieren muss.

Wenn Sie sich im Astralkörper vollkommene Genesung wünschen, erhalten Sie sie auf astralem Wege auch sogleich, und wenn Ihr Verstand es zulässt, dass Sie geheilt werden können, wird Ihre Gesundung früher oder später materialisiert werden.

Dies gilt natürlich nicht nur, wenn Sie krank im Bett liegen, Sie können jederzeit im AKE-Zustand um **vollkommene Gesundheit** bitten!

Mentale Fähigkeiten mit AKE erwerben:

Sie können sich auch diverse Fähigkeiten wünschen, die somit feinstofflich aktiviert werden, wie zum Beispiel:

„Bitte um Hellsichtigkeit oder starke Intuition, mehr Konzentrationskraft in Lernphasen, Klarheit bei Entscheidungen oder mehr Mut um den eigenen Weg gehen zu können." Sie werden diese Qualität dann sofort fühlen und spüren.

Nachdem Sie das Gefühl genügend ausgekostet haben, begeben Sie sich wieder in den physischen Körper, damit sich diese Befähigung im "materiellen Bereich" verfestigen kann.

Entscheiden Sie sich am Anfang für *eine* Fähigkeit und wiederholen Sie die Bitte in mehreren aufeinanderfolgenden AKEs. Auf diese Weise lässt sich die erwünschte Veränderung in der Materie leichter feststellen.

Denken Sie jedoch daran, dass beide Ebenen, die **feinstoffliche <u>und</u> die materielle**, bedient werden müssen, um etwas in der physischen Welt zu bewirken.

Das Wünschen allein – ganz egal, ob nun Gesundheit oder eine Fähigkeit gewünscht wird – genügt dabei nicht immer.

Optimal ist es, wenn das Wünschen mit dem reellen Tun verbunden wird. Zu jeder geistigen Bitte gehört ein materielles Gegenstück.

So sollten Sie beim Thema Hellsichtigkeit Wahrnehmungsübungen machen. Ebenso für die Gesundheit – unterstützen Sie Ihren physischen Körper durch die notwendigen Massnahmen, wie gesunde Ernährung, ausreichend Schlaf, gute Gedanken und eine ausgewogene körperliche Betätigung.

Ausgedehnte Reisen

Wenn Sie die ersten Experimente im ausserkörperlichen Zustand hinter sich haben, können Sie Ihre Exkursionen weiter ausdehnen.

Ausgehend von meinen AKE-Erfahrungen habe ich nachfolgend einige Themen herausgegriffen, um die grosse Vielfalt der AKE Möglichkeiten vorzustellen:

Tiere

Verstorbene Tiere im AKE-Zustand aufsuchen.
Am 13.11.02 starb unser Schäferhund Tex. Einige Tage später machte ich eine AKE und gab mir die Anweisung: „Ich will zu Tex!"

(AKE)
Gleich darauf stehe ich in unserem Garten und sehe Tex, wie er mit einem Schäferhundmischling und einer Schäferhündin herumtollt und sie sich ausgiebig beschnuppern. Tex ist in die neuen Düfte der Hunde vertieft und achtet nicht auf mein Rufen. Er

sieht gesund und kraftvoll aus. Die letzte Erinnerung an ihn, als er müde und krank auf seinem Teppich lag, verblasste.
Ich geniesse die Schwerelosigkeit des Astralkörpers und achte nicht mehr auf die Hunde. Ich lasse mich treiben und schwebe im All.

Als ich mich wieder auf mein Wohnzimmer konzentriere, freue ich mich unseren Hund dort liegen zu sehen. Tex wedelt mit dem Schwanz und legt die Ohren an, so wie er es immer tat, wenn er gestreichelt werden wollte. Ich setze mich zu ihm und streichle ihn liebevoll. Es war, als wenn er immer noch körperlich lebendig bei uns sein würde.

Glücklich beende ich meine AKE und kehre in meinen Körper zurück.

Sexualität

Sie können im ausserkörperlichen Zustand sexuelle Abenteuer haben. Jeder wird seine eigenen intensiven Erfahrungen damit machen. Diese Erlebnisse sind zwar mehrheitlich selbst erschaffene und unbewusste Wunschvorstellungen. Dessen ungeachtet – geniessen Sie es!

Später dann soll die Sexualenergie im AKE-Zustand unter Kontrolle gehalten und auch allen Ablenkungsversuchen widerstanden werden, um auf feinere und höher schwingende Ebenen zu gelangen.

Ihre Zielvorstellung lautet diesmal, eine sexuelle Erfahrung erleben zu wollen.

(AKE)
Ich konzentriere mich auf ein sexuelles Erlebnis. Nach einer kurzen Flugsequenz steht ein junger, gut aussehender dunkelhaariger Mann vor mir. Seine schwarzen blitzenden Augen in dem kantigen Gesicht sehen mich leidenschaftlich an. Seine weisse Toga lässt die muskulöse Figur des Mannes nur erahnen. Ich fühle ein starkes Verlangen diesem

Mann näher zu kommen. Sexuelle Gefühle steigen in mir hoch, magnetisch zueinander hingezogen, liegen wir uns in den Armen. Gefühle von tiefer Vertrautheit und gegenseitigem Respekt erfüllen mich. Der Drang ihm ganz nahe zu sein, steigert sich derart, dass wir miteinander verschmelzen. Eins geworden, sind wir zusammen eine geballte Energiekugel. Ein Feuerwerk an Gefühlen durchströmt mein ganzes Dasein, was jede physische sexuelle Erfahrung in den Schatten stellt. Es gibt nur diesen Augenblick der Hingabe und des Erlebens. Ein tiefes geistiges und zugleich körperliches Sättigungsempfinden lässt uns wieder von einander loskommen und zu eigenständigen Individuen werden.
Zum Abschied treffen sich unsere Blicke mit der Gewissheit, dass wir uns wiedersehen.
Es zieht mich in meinen feststofflichen Körper zurück.

Verwundert wache ich auf; nie hätte ich ein solch intensives Erlebnis erwartet, das mich noch den ganzen Tag beschäftigt und darüber nachdenken lässt.

Die Astralebenen

Das Bewusstsein lebt nach dem physischen Ableben im Astralkörper weiter und findet sich zuerst einmal – gemäss seiner geistigen Entwicklung – auf der entsprechenden astralen Ebene wieder.

So wie ich es erfahren habe, gibt es unzählige, unterschiedlich schwingende Astralebenen; in der esoterischen Literatur werden sie oft in niedere und höhere Ebenen unterteilt. Vergleichen Sie einmal die Slums von Brasilien mit einem tibetischen Kloster oder eine "Kneipe" mit einer "Kirche" und schon erkennen Sie, dass in der materiellen Welt unterschiedlich schwingende Ebenen nebeneinander existieren. Genau so können Sie sich die niederen oder höheren Astralebenen vorstellen – nur mit dem Unterschied, dass dort alle Schwingungsebenen sorgfältig voneinander getrennt sind.

Die Astralebenen können wiederum in objektive und subjektive Astralebenen unterteilt werden, vergleichbar mit der physischen Welt. Die objektive astrale Welt ist von vielen Menschen gleich wahrnehmbar. Die subjektive Astralwelt wird von jedem Menschen durch sein Bewusstsein gestaltet und auch nur von ihm selbst so wahrgenommen. Oftmals ist es ein Gemisch aus verfälschter subjektiver Wahrnehmung und der faktischen Realität.

Deswegen ist es – als fortgeschrittener Astralreisender – wichtig einen Wahrnehmungscheck zu machen. Per Gedankenkraft können Sie herausfinden, ob Sie sich in einer subjektiven Wirklichkeit oder in einer objektiven Realität befinden.

Wenn Sie sich in einer Szenerie aufhalten und Sie diese mit Gedankenkraft verändern können, sind Sie in einer subjektiven, beziehungsweise in einem selbst geschaffenen Szenario. Wenn sich die Umgebung nicht verändern lässt, können Sie davon ausgehen, dass Sie sich in einer von Ihnen unabhängigen Realität befinden.

Die Gratwanderung zwischen eigenen Vorstellungen und Erwartungen im Gegensatz zu "realen" Erlebnissen ist besonders in den Anfängen sehr schwierig zu unterscheiden.

Wiedersehen mit Verstorbenen

Damit diese Reisen strukturiert bleiben, ist es am einfachsten, wenn Sie sich auf *einen* bekannten oder verwandten verstorbenen Menschen konzentrieren; mit der Absicht, oder noch besser mit dem Herzenswunsch, diesen Verstorbenen zu besuchen.

(AKE)
Nachts spüre ich ein leichtes Vibrieren und ich summe in der gleichen Tonlage gedanklich mit, so dass sich die Vibrationen verstärken und mich vollkommen übermannen. Mit Leichtigkeit löse ich mich vom Körper und sage zu mir selbst: „Ich will zu meiner Oma."

Sofort fliege ich durch einen schwarzen Tunnel und finde mich in ihrem Haus auf der Astralebene wieder. Meine Grossmutter lebt in einem ähnlichen Haus mit Garten in der Nähe eines Baches, wie zuvor im Irdischen. Ich blicke aus ihrem Küchenfenster und beobachte, wie sie im Garten arbeitet. Sie sieht viel jünger aus und trägt ein Haarnetz.

Ich begrüsse meine Oma; sie küsst mich, nimmt mich bei der Hand und zieht mich mit sich, so als ob sie mich bereits erwartet hätte. Sie zeigt mir ihr Zuhause, die ihrer alten physischen Welt zwar gleicht, sich auf dieser Ebene jedoch viel strahlender und leuchtender darstellt und voll mit pulsierender Energie durchdrungen ist. Wir bleiben auf einer Anhöhe stehen und ich habe plötzlich einen herrlichen Ausblick auf Landschaften mit unterschiedlichen kulturellen Prägungen samt den passenden Menschen.

Ich blicke auf eine Meeresbucht; auf der gegenüberliegenden Seite erhebt sich ein Wüstenabschnitt, und rechts davon erkenne ich Häuser in unterschiedlichen Baustilen mit der dazu gehörenden Umgebung.

Auf einmal wird mir bewusst, dass jedes verstorbene Individuum, welches sich auf dieser Astralebene befindet, in seinem selbst geschaffenen Paradies lebt. Es ist alles präsent und ich erfreue mich an den prächtigen Farben.

Nach den neu gewonnenen Eindrücken, verabschiede ich mich von meiner Grossmutter und bedanke mich für die Erfahrung.

Ich fliege ins Universum zurück, es ist dunkel, ich schaue hinter mich und sehe die Astralebene als leuchtenden Punkt im Universum liegen. Während ich den Anblick geniesse, überkommt mich das vertraute Gefühl schon einmal hier gewesen zu sein. Ich blicke zur Seite und bemerke verblüfft, wie links und rechts neben mir ein überdimensionaler goldener Bogen gespannt wird. Mein Blick geht nach oben und überrascht sehe ich, wie in der Mitte weit oberhalb meines Kopfes ein Engel sitzt und diesen Bogen wie eine grosse Spange zusammenhält. Vermutlich ist er es, der mich höher zieht und mich noch mehr Ebenen erkennen lässt, die wie Sternenhaufen verstreut im Universum unter mir liegen.

Mir bleibt die Erkenntnis, dass es viele Ebenen innerhalb dieses schwarzen Himmels gibt und jede Ebene wiederum mehrere Unterebenen enthält.

Planetenexkursion

(AKE)
Bereits im AKE-Zustand stelle ich mich darauf ein, einen mir unbekannten Planeten kennenzulernen. Ein junger Mann fliegt neben mir her. Nach einer Weile landen wir auf einem flachen Dach eines Hochhauses, wo ein weiss gekleideter Mann auf mich wartet. Er wird mich nun alleine weiter begleiten. Wir fliegen auf eine Allee zu und halten dort. Die Bäume in dieser Allee sind mit einem durchsichtigen Material umhüllt.
Mein Begleiter führt mich zu einer unterirdischen Bahn in die wir sogleich einsteigen. Im Abteil sind anstelle von Fenstern grosse Aquarien eingelassen, in denen fluoreszierende Fische umher schwimmen. Der Boden ist mit dicken Teppichen ausgelegt, und alles ist farblich aufeinander abgestimmt. Ich fühle mich wohl.

Die Bahn saust, fast geräuschlos, mit hoher Geschwindigkeit dahin und als das Wesen, das mich führt die Hand hebt, hält sie abrupt, aber dennoch sanft an.

Wir verlassen zusammen den Zug. Vor uns liegen sattgrüne Wiesen mit leichten kuppelförmigen Erhebungen. Mein Begleiter gibt mir zu verstehen, dass es Eingänge für in die Erde gebaute Wohnungen oder Häuser sind. In der Ferne kann ich Wolkenkratzer sehen, die in Höhe und Form verschieden sind. Ich will gerade danach fragen, als mir klar wird, dass sie als Geschäftshäuser ihren Zweck erfüllen.

„Ob es hier wohl Umweltverschmutzung gibt?", denke ich interessiert.
„Jawohl, die gibt es hier, deshalb schützen wir unsere Bäume, das hast du doch in der Allee gesehen!" dröhnt es in meinem Kopf.
Verblüfft über die Antwort, die mehr in meinem Kopf zu hören ist, als dass sie akustisch von diesem Wesen kommt.

Die Allee ist mir natürlich aufgefallen, trotzdem war ich total überrascht, dass es dieses Problem auch auf anderen Planeten gibt. Eigentlich wollte ich noch mehr darüber erfahren, als er mich in ein Haus führt. Die Räume sind auf verschiedenen Ebenen harmonisch in Farbe und Form konstruiert. Es gefällt mir!

Anschliessend besichtigen wir ein langes unterirdisches Röhrensystem, das wie ein Netz angelegt ist und einzelne Häuser miteinander verbindet. Anstatt Treppen werden Rollbänder benutzt, die von jedem Haus zu der Bahn führen. Ich darf mich auf so ein Band stellen und werde wie magnetisch festgehalten.

„Halt", schreie ich und sofort stoppt das Band. Ich bin fasziniert und will noch viel mehr sehen und verstehen, wie alles funktioniert.

In dem Augenblick zieht es mich von hinten aus der Szenerie heraus, in meinem physischen Körper zurück und ich merke, dass ich dringend auf die Toilette muss.

Unterstützende Geistwesen

Es gibt unzählige Helfer-Arten. Ich werde drei von ihnen in verschiedene Kategorien unterteilen:

Schutzgeister:
Diese Geister" sind ausschliesslich für den Schutz zuständig und meistens Teile des eigenen Bewusstseins. Deshalb ist man zu keiner Zeit schutzlos.

Während ein Mensch sich im unbewussten Tiefschlaf befindet oder sich ausserhalb des Körpers aufhält, bewachen die Schutzgeister den physischen, wie auch die feinstofflichen Körper.

Helfer:
Die Helfer oder Geistführer sind mit dem Menschen energetisch verknüpft und unterstützen seine geistige Entwicklung. Das kann auch durch ausserkörperliche Reisen geschehen, in der eine Lektion erlebt wird, die zum Beispiel ganzheitlichere Zusammenhänge erkennen lässt oder aber persönliche Lehren beinhaltet. Dies passiert jedoch nicht nur aus reiner Nächstenliebe. Die Helfer sind an geistigen Fortschritten

interessiert, weil sie sich dadurch gleichermassen selbst weiter entwickeln können.

Helferwesen kann man sehr gut im AKE-Zustand fühlen. Gerade als Anfänger ist es hilfreich, diese Wesen vor dem Einschlafen um Mithilfe und Unterstützung zu bitten. Die Wesen helfen dann beim Ausstieg aus dem Körper. Sie begleiten den Praktizierenden auf der ausserkörperlichen Reise und bringen ihn zum physischen Körper zurück. Sehen kann man sie anfänglich nur in seltenen Fällen, da die Erfahrungen selber gemacht werden müssen und der AKE-Reisende sich nicht ablenken lassen soll.

Hilfe kann auch in jeglichen Situationen im AKE-Zustand angefordert werden. Sie sagen bloss: „Ich bitte um Hilfe" und es wird augenblicklich geholfen. Wichtig ist, dass man die Hilfe verlangt, ansonsten bleiben Sie sich selbst überlassen.

Lehrer:

Ein altes Sprichwort sagt: „Wenn der Schüler bereit ist, erscheint der Lehrer."

Ich habe oft im AKE-Zustand nach einem "Lehrer" gesucht und erst Jahre später erkannt, dass *viele* Wesen, denen ich ausserkörperlich begegnete, für mich die gesuchten Lehrer waren.

Erfahrungen mit Geisthelfern

(AKE)
Im Verlauf meiner AKE-Versuche bitte ich meine Helfer mehrere Nächte hintereinander: „Helft mir beim Ausstieg aus dem Körper!" Einige Zeit danach wache ich mitten in der Nacht auf und sehe, wie vier Lichtwesen – einer am Fussende, einer links und rechts neben mir und einer am Kopfende stehen.

Das Wesen am Fussende beugt sich zu meinen Füssen und gibt mir mit seinen Händen – erst durch meinen rechten Fuss und dann durch den linken Fuss Energie.

Gleichzeitig erfasst das Wesen links von mir meine linke Hand und das Wesen rechts neben mir meine rechte Hand. Ich bin wie elektrisiert, extrem starke Stromstösse erfassen meine Füsse und Hände.

Doch da ist noch das vierte Lichtwesen an meinem Kopfende und ich spüre, wie seine Hände langsam meinen Kopf umschliessen. Die Energie aus seinen Händen durchströmt meinen Körper kraftvoll und lässt mich fast explodieren, aber es hilft mir auch gleichzeitig, meinen physischen

Körper mit grossem Druck zu verlassen. Ich schiesse förmlich durch mein Zimmerfenster hinaus in den nächtlichen Himmel.

(AKE)
Ich schlage einen Purzelbaum rückwärts und stehe astral in meinem Schlafzimmer. Es war ungewohnt hell, und ich denke es sei Tag. Erstaunt bemerke ich, dass mein feinstofflicher Körper Licht ausstrahlt. Fasziniert laufe ich in meiner Wohnung umher und erhelle meine nächste Umgebung.
Da spüre ich plötzlich, dass mich jemand zu meinem physischen Körper zieht und ich realisiere, dass ich die längste Zeit nicht alleine war. „Wer bist Du?", denke ich.
„Dein Schutzgeist", höre ich die Antwort. Er schiebt mich durch mein Herz-Chakra in die physische Körperhülle zurück und verschliesst es. Mit meinem 3. Auge sehe ich meinen Schutzgeist neben mir auf dem Kopfkissen sitzen.

(AKE)
Einmal stellte ich bei einer AKE die Frage: „Bin ich allein?" Daraufhin sehe ich einen jungen Mann der mir zulächelt und mir zu verstehen gibt, dass ich niemals irgendwo alleine bin. Als ich wach bin, erinnere ich

mich, dass ich diesen Helfer schon öfters neben mir wahrgenommen habe.

(AKE)
Ein anderes Mal erfreue ich mich an einer sattgrünen Landschaft, durch die sich ein Fluss schlängelt. Die Sonne geht gerade auf und ich stehe vor einer alten Hütte. Ich weiss nicht was ich als nächstes tun soll und bitte um Führung. Unerwartet kommt eine dunkelhaarige Frau auf mich zu, circa 30 bis 40 Jahre alt und begrüsst mich, als ob ich wüsste, wer sie sei. Auf einmal habe ich den Namen Ayra im Kopf. Ich nehme an, dass es ihr Name ist. Ayra geht mit mir zum nahen Fluss, und springt fröhlich ins Wasser. Sie winkt mir zu, es auch zu versuchen. Ich mache es ihr nach. Ein unglaublich prickelndes Gefühl fliesst durch meinen Astralkörper. Ich habe das Gefühl, in hohem Mass Sauerstoff aufzunehmen. Es reinigt mich. Ich spüre wie das Wasser durch meinen Astralleib strömt. Glücksgefühle steigen in mir hoch. Ich kann aus dem Wasser mehr Sauerstoff aufnehmen als über die Luft. Ich bin so sehr mit meinen Gefühlen beschäftigt, dass ich nicht mehr auf meine Helferin achte. Plötzlich ist sie verschwunden.

Wenn Sie im Astralreisen geübt sind, kann es vorkommen, dass Sie von einem Lehrer Aufgaben gestellt bekommen.

(AKE)
Ich habe das Gefühl, an einem Abschlussessen teilzunehmen. Eine grosse gedeckte Tafel beherrscht den Raum. Ich stehe abwartend an meinem Platz, hinter meinem Stuhl. Gäste treffen ein und jemand möchte sich auf meinen Stuhl setzen. Ich beharre aber darauf, dass dies mein Stuhl sei.

Als alle anwesenden Gäste am Tisch Platz genommen haben, setze ich mich auch an den reich gedeckten Tisch und geniesse das Essen. Ich bin ganz bewusst und realisiere, dass irgendetwas Spezielles passieren wird. Nach dem Essen kommt ein junger Mann zu mir, den ich als einen meiner Lehrer wiedererkenne, und er bittet mich ihm zu folgen. Er führt mich durch lange Gänge zu einem Turmzimmer; dort muss ich mich auf einen zweirädrigen Wagen legen. Er küsst mich leicht auf die Wange und plötzlich weiss ich, dass ich jetzt eine Prüfung absolvieren muss.

Gleich darauf werde ich Kopf voran aus dem Fenster gestossen. Ein dunkler Abgrund tut sich vor mir auf und ich fange an zu schreien. Schlagartig wird mir bewusst, dass mir gar nichts passieren kann. Ich weiss mit Bestimmtheit, dass es den Tod nicht gibt und ich deshalb auch nicht sterben kann. In völligem Vertrauen darauf lasse ich es geschehen. Im selben Moment höre ich auf, schnell und schwer zu fallen. Angenehm schwebe ich noch eine Weile durch das Nichts, bis ich in einer kahlen Gegend lande. Es ist eine sternenklare Nacht und ich realisiere, dass ich die erste Prüfung bestanden habe.

Bei der 2. Aufgabe weiss ich, dass ich die Wetterlage verändern soll. Es ist wolkenverhangen und trübe. Ich laufe über kahle Hügel in Richtung Sonne und soll sonniges Wetter hervorbringen. Ich versuche psychokinetisch die Sonne strahlender zu machen, indem ich mich auf das schwache Licht der Sonne konzentriere, das durch die Wolken scheint.
Auf einem hohen Berg bleibe ich stehen, unter mir liegt eine Stadt. Mit grosser Anstrengung und Konzentration schaffe ich es

die Sonnenstrahlen zu verstärken, so dass es auf einmal etwas heller wird. Es gelingt mir jedoch nicht, das Wetter wirklich zu verändern, denn plötzlich jagen, vom Wind getrieben, dunkle Gewitterwolken heran. Da erkenne ich, dass ich nicht die Sonne heller machen muss, sondern dass ich mich nur auf die dunklen Wolken konzentrieren soll, die sich mit Leichtigkeit von mir wegschieben lassen.

Ich verstand, was das in meinem realen Leben bedeutete. Ich musste ja nur das "Schlechte" weglassen um das "Gute" zu verstärken.

Plötzlich steht mein Lehrer wieder neben mir. Wir schauen zusammen in den blauen, wolkenlosen Himmel. Tiefer Frieden erfüllt mich und ich merke wie ich ohne Anstrengung meine Konzentration aufrechterhalten kann, ohne zu fürchten gleich in meinen Körper zurückgezogen zu werden.

Spezielle Ziele für geübte Reisende:

- Ich bitte um eine spirituelle Prüfung.
- Ich will etwas erleben, was mein Leben nachhaltig verändert!

Teil II

Die innere Welt des eigenen Seins (I-AKEs)

Bis jetzt haben wir uns nur mit der Erkundung der **äusseren** feinstofflichen Welt im AKE-Zustand beschäftigt.

In der feinstofflichen Welt (wie auch in der feststofflichen Welt!) existieren zwei Erlebniswelten. Deshalb mache ich eine Trennung zwischen den **äusseren** AKEs (vorgängig als AKEs beschrieben) und den **inneren** AKEs (in der Folge I-AKEs genannt), um den Unterschied der beiden AKE-Formen klar herauszustellen.

Die **innere** feinstoffliche Welt des eigenen Seins ist ebenfalls eine faszinierende Welt, die es zu entdecken gilt.

Stellen Sie sich die Welt des inneren Seins als umfassende individuelle Bewusstseinsspirale vor, die Ihr inneres Universum darstellt und bis in die Seele hineinreicht. (Siehe Abb. 4, **Nr. 4**, Seite 96.)

Diese beinhaltet alle gemachten Erfahrungen der jetzigen und der vergangenen Leben, die nicht nur auf der Erde stattgefunden haben müssen, und der Zwischenleben[2].

Als erstes befassen wir uns nur mit einem kleinen Teil dieser umfassenden individuellen Bewusstseinsspirale. Diesen kleinen Teil benenne ich nachfolgend als "aktuelle Lebensspirale".

Die "aktuelle Lebensspirale" beinhaltet den Seelenteil und umfasst alle unsere Erfahrungen vom Zeitpunkt unserer Zeugung bis hin zum heutigen Tage. Darin sind alle negativen und positiven Erfahrungen, Wünsche, Hoffnungen, Blockaden und alle Glaubensvorstellungen gespeichert. Sie können sich diese Spirale als einen lebendigen Organismus vorstellen, der alles aufnimmt, was in und ausserhalb unseres Lebens geschieht und dadurch immer weiter wächst.

---

[2] Darunter sind Leben zu verstehen, die nicht bis in die physische Materie verlaufen.

Um die Ausübung der I-AKEs zu erleichtern, ist die Abbildung 1 hilfreich.

Abb. 1

Die "aktuelle Lebensspirale"

Wenn Sie über sich selbst etwas erfahren möchten, müssen Sie sich im ausserkörperlichen Zustand anders verhalten!

Anstatt sich auf ein Ziel ausserhalb von Ihnen zu konzentrieren, drehen Sie sich schwungvoll nach links und lenken Ihre Aufmerksamkeit nach innen. Folglich entsteht eine Eigendynamik, die Sie spiralförmig in Ihre Innenwelten führt. Hier hilft die Vorstellung, in Ihren anerzogenen, sich selbst begrenzenden Glaubensvorstellungen oder auch in Ihren Blockaden, Wünschen und Vorurteilen eingewickelt zu sein, verbunden mit dem Verlangen, dass Sie sich daraus auswickeln wollen (Abb. 2).

Je weiter Sie sich spiralförmig "entwickeln", desto näher kommen Sie Ihrem Seelenteil. Das Ab- oder Entwickeln kann auch bedeuten, dass gewisse nutzlose Eigenschaften abgelegt werden, die sich im Alltagsleben noch bindend und hemmend bemerkbar machen.

Abb. 2

Beginn der Ab- oder Entwicklung
ins eigene Universum

Sobald Sie jedoch nach aussen gerichtet sind, wenn Sie zum Beispiel zum Mond fliegen möchten, geschieht (im Gegensatz zu I-AKEs-Reisen) keine spiralförmige Abwicklung, sondern eine Bewegung nach vorne (Abb. 3).

Abb. 3

Reise ins äussere Universum

Erfahrungen in der "aktuellen Lebensspirale"

Jeder Mensch trägt in sich versteckte Ängste und Befürchtungen, die ihn blockieren. Nutzen Sie auch hier die Kunst der AKE, um sich selbst besser kennenzulernen.

Lösen Sie Ihre Blockaden, damit Ihnen mehr Lebensenergie zur Verfügung steht und Sie sich freier fühlen können. Dadurch fördern Sie gleichzeitig auch Ihre geistige Weiterentwicklung.

Formulierungen, die Sie in die "aktuelle Lebensspirale" führen, können folgende sein:

- Ich will eine unbewusste Angst von mir erkennen!
- Wie kann ich mich weiterentwickeln?
- Was ist mein Talent oder meine Berufung?

Überlegen Sie sich, was Sie schon immer über sich selbst wissen wollten. Machen Sie sich Gedanken darüber und bringen Sie diese zu Papier. Jede Beantwortung Ihrer gestellten Fragen durch AKE bringt Ihnen

Selbsterkenntnis. Fragen Sie immer nur nach *einem* Thema, damit Sie sicher sein können, dass Sie die zutreffende Antwort auf Ihre Frage erhalten.

Denken Sie nicht, falls Sie schon einmal eine der Fragen gestellt haben, dass das Thema dann nicht mehr interessant sei. Es gibt immer *noch* mehr Ängste, Talente oder Fähigkeiten an sich zu erkennen. Bleiben Sie neugierig auf sich selbst, denn das fördert den Willen, die Selbstdisziplin und auch die Selbsterkenntnis.

Nachfolgend einige ausserkörperliche Erlebnisse von mir, damit Sie begreifen, in welcher Form die Antworten gegeben werden. Sie zeigen sich in der Regel als Metaphern, die in einer erlebten Bildsequenz ablaufen und nicht als gesprochene Worte.

(I-AKE)
Ich sage: "Ich will eine unbewusste Angst von mir erkennen!" Es dreht mich zweimal nach links und sofort fühle ich einen starken Druck auf meiner Brust.

Unglaubliche Angstgefühle, die ich im realen Leben nie kennengelernt habe, steigen auf. Plötzlich stehe ich in einer Waschküche und sehe meine nasse Wäsche auf der Leine hängen. Darunter steht noch ein Waschkorb mit schmutziger Wäsche von mir. Schon zieht es mich weiter in den nächsten Raum hinein.

Ich erschrecke, als ich eine mir ähnlich aussehende menschliche Hülle sehe, die verpuppt in einem Spinnennetz von der Decke herabhängt. Der Druck auf meiner Brust nimmt zu.

Als ich mich umdrehe, sehe ich hinter mir in einer dunklen Ecke lebendige Marionettenfiguren stehen. Darunter befindet sich ein kleiner bissiger Fuchs, der wild nach mir schnappt. Blitzschnell springt er an mir hoch und beisst mir meine Hand ab. Der Schmerz ist dumpf und ich denke: "So weh tut es ja gar nicht!"

Ich sehe an meiner rechten Hand das Fleisch herunterhängen. Vor Schreck werde ich in meinen physischen Körper hineingezogen.

Mit der Frage: „Welche Angst wurde mir aufgezeigt?" schlafe ich ein und träume von meiner ehemaligen Schullehrerin.

Ich stehe vor der Wandtafel und muss eine komplizierte Rechenaufgabe lösen. Neben mir sitzt die Lehrerin und trommelt mit ihren Fingerspitzen ungeduldig auf die Tischplatte. Das bringt mich aus dem Konzept und verunsichert mich. Trotzdem versuche ich mich auf die Aufgabe zu konzentrieren.

Plötzlich springt meine Lehrerin wütend auf und brüllt: „Wie lange brauchst du denn noch, um die Aufgabe zu lösen? Schreib jetzt endlich das Resultat an die Tafel!"
Ich fühle mich unter Druck gesetzt und will nur schnell wieder auf meinen Platz zurück. Deshalb verrechne ich mich und schreibe eine falsche Lösung hin.

Die Lehrerin scheint nur darauf gewartet zu haben, um mich richtig bloss stellen zu können.

Hilflos lasse ich ihre Schimpftiraden über mich ergehen. Ich sehe die mitleidigen Gesichter meiner Mitschüler, und Tränen schiessen mir in die Augen. Daraufhin sagt die Lehrerin laut und deutlich, sodass es jeder in der Klasse hören kann: „Jetzt fängt sie auch noch an zu heulen!" Am liebsten wäre ich im Erdboden versunken.

Schweissgebadet wache ich auf und bin mir der Antwort auf meine Frage bewusst.

Noch im Dämmerzustand schlafe ich wieder ein mit dem Ziel vor Augen, nochmals aus meinem Körper zu treten. Kurz darauf bin ich von einem klaren Bewusstsein erfüllt.

Ich bitte um Auflösung dieser Angst. Sofort spüre ich prickelnde Energie meinen Astralkörper durchströmen, und ein befreiendes Gefühl steigt in mir auf. Ich geniesse diesen Zustand lange. Bevor er jedoch aufhört, kehre ich entspannt in meinen Körper zurück. Die befreienden Gefühle hielten noch mehrere Tage an.

Bei Ängsten ist es von wichtiger Bedeutung, nach der Erkenntnis im AKE-Zustand um **Auflösung** der spezifischen Angst zu bitten.

Was mich schon immer sehr interessierte, war die Frage nach meiner Berufung. Also stellte ich mich darauf ein.

(I-AKE)
Mit vertrauter Geschwindigkeit sause ich spiralförmig in die unendliche Schwärze. Plötzlich wird es hell um mich herum und ich stehe in einem Saal voller Menschen, die alle maskiert sind.

Ich mische mich neugierig unter die Leute, um in Bewegung zu bleiben, damit ich nicht zu schnell in meinen Körper zurückgezogen werde. Sobald ich den Personen nahe komme, geben sie mir Zeichen, ihnen dabei zu helfen, ihre Masken abzunehmen.
Die Situation erscheint mir völlig real. Die Masken sind aus unterschiedlichen Materialien und kunstvoll gefertigt. Vorsichtig halte ich sie in meinen Händen und blicke mich nach einer Möglichkeit um, sie irgendwo abzulegen.

Da teilt sich die Menschenmenge um mich herum und ich sehe in ihrer Mitte ein strahlendes männliches altes Wesen, das mich ohne Maske unverwandt und allwissend anblickt. Wie magisch fühle ich mich von ihm angezogen und gehe direkt auf ihn zu, um nach meiner Berufung zu fragen.

Kaum habe ich es gedacht, höre ich schon eine Stimme in meinem Kopf:„Hat das Erlebte Dir nicht schon die Antwort auf Deine Frage gegeben?" Während es mir schlagartig bewusst wird, zieht es mich wieder in meinen physischen Körper zurück.

Ich hatte danach das Gefühl, als ob ich aus schäumendem spritzigem Champagner bestehen würde. Es war ein grandioser Eindruck, sodass ich mich erst mal wieder sammeln musste, bevor ich vom Bett aufstehen konnte.

Die AKE zum Thema:
Wie kann ich mich weiterentwickeln?

(I-AKE)
Diesmal vibriere ich nur leicht. Ich brumme den Ton und sofort breitet sich die Vibration viel stärker aus, sodass ich mich vom Körper löse und neben meinem Bett stehe. Ich konzentriere mich auf meine Aussage, drehe mich einmal nach links und befinde mich in einem abgedunkelten Raum.

Die Wände sind vollgeklebt mit Babyfotos meiner Tochter. Ich denke: Was soll denn das?

Auf einmal sehe ich meine Tochter im Bettchen vor mir liegen, sie lacht mich an, im Arm hält sie eine niedliche schwarze Puppe. Meine Tochter gluckst vor Freude und drückt ihre Puppe fest an sich. Daraufhin verwandelt sich die schwarze Puppe in einen echten kleinen Jungen. Nun sitzen plötzlich zwei kleine "Knöpfe" im Bettchen und spielen ausgiebig miteinander. Blitzartig überkommen mich die Gedanken: „Ein zweites Kind würde mich spirituell wachsen lassen."

Nach dieser einschneidenden Erkenntnis befinde ich mich wieder in meinem Körper und denke ernsthaft darüber nach.

Wenn Sie tiefer als nur in die "aktuelle Lebensspirale" eindringen wollen, zum Beispiel in vergangene Leben, lassen Sie die nächste Abbildung auf sich wirken.

Die Grafik stellt einen Versuch dar, ein Konstrukt anzubieten, welches auf die Drei-Dimensionalität der Erde beschränkt ist.

Eigentlich besteht alles nur aus mehr oder weniger durchleuchtetem informativem Bewusstsein. Damit wir aber im ausserkörperlichen Zustand damit arbeiten können, brauchen wir zumindest eine grobe Vorstellung davon.

Abb. 4

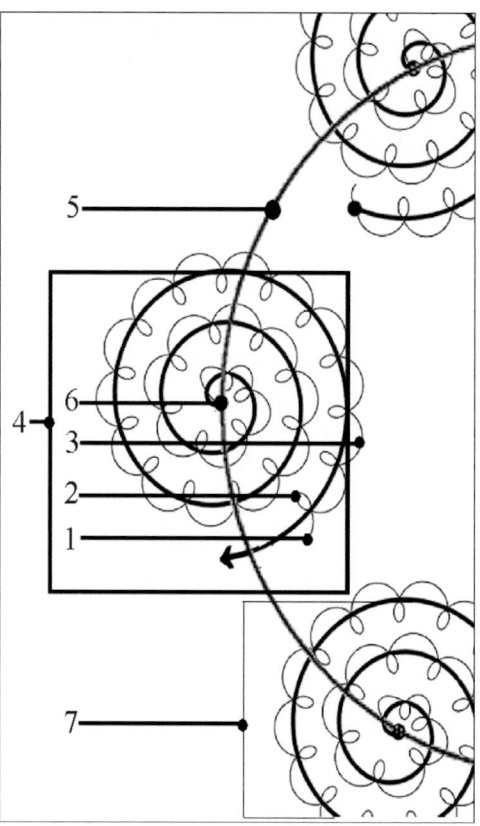

Nr. 1: Die "aktuelle Lebensspirale" (hier als schwarzer Punkt dargestellt). Sie beinhaltet den Seelenteil und wächst stetig weiter. Das

ist der Mensch im gegenwärtigen Augenblick! Der Seelenteil steht in Resonanz mit der Seele.

Nr. 2: Die Lebensspirale eines Zwischenlebens. Das ist ein Leben, das nicht bis in die physische Materie verläuft.

Nr. 3: Die Lebensspirale eines physischen vergangenen Lebens (muss nicht nur auf der Erde gelebt worden sein).

Nr. 4: Die umfassende individuelle Bewusstseinsspirale, die sich aus der Seele und den Lebensspiralen 1, 2 und 3 (periodisch fortlaufend) zusammenfügt und in der Fortsetzung an Grösse weiter zunimmt.

Nr. 5: Der Bewusstseinsstrom, der alles mit Leben speist, unpersönlich und universell ist und auch wieder spiralförmig verläuft.

Nr. 6: Die Seele als Schnittpunkt zwischen dem individuellen Bewusstsein und dem universellen Bewusstseinsstrom. Die Seele ist gleichzeitig individuell und universell, aber nicht persönlich. Auf dieser Ebene existiert die Zeit nicht, es gibt nur Entwicklungszyklen.

Nr. 7: Umfassende individuelle Bewusstseinsspirale einer anderen Seele.

Verhalten Sie sich in gleicher Weise wie bei den I-AKEs beschrieben. Nach jedem Austritt aus dem physischen Körper konzentrieren Sie sich auf eine Zielformulierung, zum Beispiel:

- Ich will eines meiner vergangenen Leben oder Zwischenleben sehen…

- Ich will zu meiner Seele…

- Ich will zu meinem Hohen Selbst…

…und drehen Sie sich dann schwungvoll nach links.

(I-AKE)
Nach meinen Austritt, der mir immer besser gelingt, konzentriere ich mich auf mein Ziel: „Ich will in ein vergangenes Leben von mir!" Dabei springe ich in die Luft und drehe mich nach links. Die Geschwindigkeit nimmt schnell zu und ich fliege wie eine Rakete auf meiner Bewusstseinsspirale, bis ich wieder aus ihr herauskatapultiert werde und auf einem galoppierenden Pferd sitzend durch eine hügelige Landschaft reite. Ich fühle mich als ein Mann, der auf der Flucht

ist. Eine Meute wutschnaubender Ritter verfolgt mich. Irgendwie gelingt es mir sie abzuschütteln. Auf einmal sitze ich allein an einem Wegesrand, bin einsam und traurig.

Ein starkes Gefühl der Verantwortungslosigkeit steigt in mir auf. Es wird mir klar, dass ich mein Volk verlassen habe, aus Furcht vor Konsequenzen; das schlechte Gewissen plagt mich.

Nach einer schier unendlich langen Zeit überkommt mich das Gefühl, dass ich gealtert bin, und ich will mich ansehen. Im nächsten Moment sehe ich mich in einem Spiegel. Ein alter Mann mit weissen langen, glatt zurückgekämmten Haaren und einem langen weissem Bart blickt mir entgegen. Die Augen leuchten in einem Blau, wie ich sie auf Erden noch nirgends gesehen habe.

Danach wird mir mein eigener Körper bewusst, und es zieht mich im Nu zurück.

Nach solchen AKEs sollten Sie sich Gedanken darüber machen, was die Erlebnisse und das Wissen daraus in Ihrem jetzigen Leben bewirken. Schreiben Sie diese Erkenntnisse zu Ihren ausserkörperlichen Erfahrungen hinzu.

Das Nächste, was mich brennend interessierte, war meine Seele.

Wenn Sie schon ein paar I-AKEs hinter sich haben, können Sie sich zum Ziel setzen, in die eigene Seele zu reisen.

Geben Sie sich den Befehl: „Ich will zu meiner Seele!" Achten Sie darauf, dass wieder die bereits beschriebene Eigendynamik entsteht. Sie fangen an, sich um sich selbst zu drehen und wickeln sich in hohem Tempo spiralförmig auf. Ähnlich dem Gefühl einer Achterbahnfahrt.

Da die Geschwindigkeit so hoch ist, kann es geschehen, dass Sie bei den ersten Versuchen die Seele zu erreichen, in einem vergangenen Leben oder Zwischenleben stecken bleiben. So erging es mir jedenfalls. Bevor ich Einblick in meine Seele erhielt, erlebte ich viele Ereignisse auf meiner individuellen Bewusstseinsspirale.

Denken Sie daran, dass Sie unterwegs zu sich selbst sind und alles, was Sie erleben, mit Ihnen zu tun hat. Es ist eine faszinierende Reise ins eigene innere Universum.

Ereignisse auf meiner individuellen Bewusstseinsspirale:

(I-AKE)
Auf der Reise zu meiner Seele spüre ich zwei Wesen um mich, die mir dabei helfen möchten, mein Ziel zu erreichen. Eine schnelle Fahrt beginnt, die sich so anfühlt, als ob wir auf einer Achterbahn hinab rasen. Ich spüre ein Kribbeln am ganzen Leib.

Auf einmal stoppen wir und ich befinde mich in einem langen Flur. Am Boden liegt ein goldbesticktes helles Gewand, und ich erhalte die Anweisung, das festliche Kleid anzuziehen. Plötzlich sehe ich zwei zwergähnliche Wesen neben mir sitzen. Und ich höre sie denken: „Hoffentlich weiss sie auch, welche Frage sie ihrem Meister stellen soll!"

Ich erschrecke mich so sehr, dass es mich zwangsläufig wieder zurück in meinen Körper zieht.

(I-AKE)
Ich stelle mir vor, wie mein physischer Körper ins Bett sinkt. Es gelingt mir leicht meinen Körper zu verlassen. Als ich draussen bin, sage ich: „Ich will zu meiner Seele!"

Kurz darauf spüre ich wie sich zwei Arme um mich legen. Vertrauensvoll lasse ich es geschehen und wir beginnen uns schnell und immer schneller zu drehen. Als wir stoppen ist das Gefühl, dass mich jemand führt, vorbei.

Ich stehe verlassen innerhalb eines geschlossenen Basars. Hinter einer langen Fensterfront sehe ich draussen zahlreiche Menschen wartend stehen. Plötzlich bin ich nicht mehr allein. Ich bemerke eine Frau, circa 35 Jahre alt mit rundlichem Gesicht und Sommersprossen, die Haare in ein Tuch gebunden. Als sie mich sieht, kommt sie auf mich zu und bleibt nah vor mir stehen. Die Lider sind mit Kajal schwarz umrandet. Ihre braunen Augen blicken mich aufmerksam an.

Mit besorgter Stimme fragt sie mich: „Wie geht's Dir, Vater? Hattest Du eine gute Reise hierher?" Da spüre ich, dass ich ein uralter Mann bin. Vor lauter Schreck gleite ich in meine Körperhülle zurück.

Ich war enttäuscht und ärgerte mich, dass ich schon wieder meine Emotionen nicht besser unter Kontrolle hatte und damit wertvolle Erfahrungen für mich nicht zu Ende bringen konnte.

Bei einem weiteren erfolglosen Versuch, die Seele zu finden, begegnete mir eine Frau, die meinen Ärger spürte und zu mir sagte: „Solange du dich von deinem gewünschten Ziel ablenken lässt, gelingt es dir nicht zu deiner Seele zu kommen." Zukünftig wollte ich meine Gedankenkraft noch stärker bündeln, um mein Wunschziel zu erreichen.

Eines Nachts gelang es mir endlich der Seele näher zu kommen. Es war eine lange ausserkörperliche Erfahrung, die ich hier nur beschränkt wiedergeben kann; da Worte nicht ausreichen, um dieses emotionale Erlebnis zu schildern.

(I-AKE)
Ich fliege wie immer in hoher Geschwindigkeit. Der Druck und die Konzentration nehmen zu. Ich muss aufpassen, dass ich nicht vorzeitig aus der Spirale rausgeworfen werde. Endlich gelingt es mir durchzuhalten und in der vorgegebenen Bahn zu bleiben!

Auf einmal taucht weit vor mir ein Licht auf. Magnetisch zieht es mich an. Es ist ein weisses warmes, intensiv strahlendes, aber nicht blendendes Licht.

Ich spüre Geborgenheit und eine Glückseligkeit die mich total erfüllt. Je näher ich dem Licht komme, umso mehr habe ich das Gefühl, dass es für mich vielleicht kein Zurück mehr gibt. Ich denke: „Wenn ich jetzt nicht sofort umkehre, ist es vielleicht endgültig." Verunsichert stoppe ich abrupt.

Meine Tochter kommt mir in den Sinn, die noch so klein ist und mich braucht und auch meine Familie, die mich schmerzlich vermissen würde!

Und doch zieht mich das Licht magisch an. Muss ich mich entscheiden? Oder ist es möglicherweise nur eine I-AKE ohne Konsequenzen?

Nein, ich bin noch nicht bereit. Da geschieht es, als würde mit einem Mal ein schwarzer Vorhang oder eine dunkle Scheibe vor mir heruntergezogen – und ich sehe das Licht noch einmal kurz aufflammen – dann ist es dunkel.

Von dem Erlebnis völlig aufgewühlt, finde ich mich in meinem Körper wieder.

Ich dachte oft, dass ich das Leben leicht verlassen könnte, da ich mich seit meiner Kindheit irgendwie nie richtig heimisch auf der Erde fühlte.

Nach diesem Erlebnis wurde mir bewusst, wie stark ich, gerade auch wegen meinen beiden Kindern, am Leben und an meinem Körper hänge. Ich kann nur sagen, wir sollten die Gelegenheit nutzen und hier auf der

Erde so viele Erfahrungen wie möglich machen und uns auf diese Weise ebenfalls weiterentwickeln. Es bewährt sich, einen festen materiellen Körper zu haben, der nicht sofort auf flüchtige Gedanken reagiert.

Ehrlich gesagt, weiss ich bis heute nicht, ob ich, wenn ich mich in das Licht begeben hätte, wieder ins Leben zurückgekommen wäre.

Ich hoffe, dass dieses Erlebnis Sie nicht abhält, die feinstoffliche Welt zu erkunden. Wie Sie an meinem Beispiel sehen können, hatte ich die Entscheidungsfreiheit.

Später hatte ich mit meiner Seele ein anderes, erfüllendes Erlebnis.

(I-AKE)
Ich fliege auf meiner Bewusstseinsspirale immer schneller und schneller und fixiere mich auf meine Seele. Ich kann die hohe Geschwindigkeit fast nicht mehr aushalten. Plötzlich schwebt im schwarzen Raum vor mir eine unbeschreiblich grosse Licht-Formation aus einzelnen zusammenhängenden lebenden Kristallen.

Magnetisch werde ich von diesem gleissenden, pulsierenden Gebilde angezogen und – wie ein fehlendes Puzzleteil docke ich an. Im nächsten Moment erlebe ich mich als ausdehnende Licht-Formation, und zugleich als einzelner Kristall, der mit vielen anderen diese Formation hervorbringt.

Kurz darauf höre ich einen schrillen Ton. Ein nie gekanntes Gefühl von Ganzheit, Frieden und Geborgenheit erfasst mich nun. Ich bin endlich heimgekommen.
Im Gefühl des "Eins-Seins" mit der Seele höre ich meinen Namen rufen. Danach sehe ich mich kurz im Bett schlafend liegen, bevor ich mich wieder in meinem physischen Körper wahrnehme.

Ich brauche eine Weile, bis ich mich wieder erinnere, wo und wer ich in diesem Leben bin. Ein Gefühl tiefen, inneren Friedens erfüllt mich, das mehrere Tage andauert. Ich bin bei mir selbst angekommen.

Nach einem wunderschönen erlebnisfrohen Tag, war ich richtig glücklich. Voller Dankbarkeit im Herzen ging ich abends zu Bett. (Ich erwähne das hier, da ich denke, dass das Gefühlsempfinden für nachfolgendes Erlebnis von wichtiger Bedeutung war.) Vor dem Einschlafen entschloss ich mich spontan, eine Reise zum Hohen Selbst zu machen.

(I-AKE)
Im ausserkörperlichen Zustand sage ich: „Ich will zu meinem Hohen Selbst." Eine Bewegung erfasst mich, zieht mich tief nach innen und dann erstaunlicherweise abrupt nach oben.

Ich befinde mich in einer Art von regenbogenfarbener Wolke, es ist, als ob ich die Farben erspüre, es kribbelt, pulsiert und belebt mein ganzes Sein; ich geniesse diese Erfahrung voller Begeisterung. Im Augenblick kommen mir keine Fragen in den Sinn. Es ist, als ob einfach nur alles gut ist, so wie es ist.
Ich fühle mich als Beobachterin der ganzen Szenerie. Ich kann mich nicht erinnern, wer ich bin; doch dieses Empfinden, "die Beobachterin" zu sein, macht mich total frei und

gelassen. Ohne den Übergang vom geistigen in den physischen Zustand zu spüren, wache ich in meinem leiblichen Körper auf. Ich weiss nicht wie viel Zeit vergangen ist und schaue zum Wecker auf meinem Nachttisch. Es ist früh morgens.

Als ich aufstehe, bemerke ich, dass ich mich nur als Atem wahrnehme, das heisst mein Bewusstsein ist nur auf meinen Atem fixiert. Ich nehme mein Heft das bereit liegt, um die nächtlichen Erlebnisse aufzuschreiben, und möchte schreiben: Ich bin nur Atem, aber im nächsten Moment verspüre ich, dass ich nicht einmal der Atem bin und schreibe deshalb; ich bin nicht der Atem, ich bin nicht das Licht und auch nicht die Dunkelheit; das, was ich bin, ist das ICH-BIN.

Auf einmal existiert meine Persönlichkeit als Sandra nur noch zu einem Prozent. Die restlichen neunundneunzig Prozent sind mit der Wahrnehmung der ICH-BIN-Gegenwart angefüllt. Mein Kronen- und Herz-Chakra ist riesengross und weit geöffnet. Das Gefühl der reinen Hingabe, verbunden mit einem Gefühl der Glückseligkeit, dominiert meinen ganzen Körper und mein Sein.

Ich und Gott sind eins. Das Ich ist in diesem Zusammenhang nicht als meine Persönlichkeit zu verstehen.

Ich bin das ICH-BIN – es gibt nicht mehr und doch ist es "ALL-ES". Das ist das Gegensätzliche. Es gibt kein Innen und kein Aussen mehr. Viele Fragen sind in dem Moment geklärt.

In diesem Glückseligkeitsrausch gehe ich zur Arbeit. In jedem Gesicht, das mir begegnet, sehe ich mich selbst. Wenn ich tief in die Augen der Mitmenschen schaue, sehe ich das Universum, das in jedem einzelnen Individuum enthalten ist. Mir wird bewusst, dass sich Gott oder besser das ICH-BIN-Bewusstsein in jedem Menschen erkennen will. Die Persönlichkeit des Menschen lässt es aber nicht zu oder kann es nicht zulassen, weil das Herz verschlossen ist.

Deshalb müssen wir unsere Herzen gänzlich öffnen. Jesus sagte schon: „Ich bin der Weg und die Wahrheit und das Leben; niemand kommt zum Vater ausser durch mich" (Joh. 14,6).

Damit ist in diesem Zusammenhang die vollständige Herzöffnung gemeint; dies kann durch die Hingabe an den Nächsten und an sich selbst gefördert werden.

Das Herz-Chakra ist der Eingang zum Christusbewusstsein und das Kronen-Chakra ist die Verbindung zu der ICH-BIN-Realität (Gott). Wenn Kronen- und Herz-Chakra vollkommen offen sind, treffen sich diese beiden Energien und verschmelzen miteinander.

Dann versteht man auch den Satz von Jesus: „Ich und der Vater sind eins" (Joh. 10,30). Er meinte damit, dass seine eigene Persönlichkeit aufgehoben und er in die ICH-BIN-Realität transzendiert sei.

*In diesem Jetzt-Einheitsbewusstsein, bei dem es **nur** das ICH-BIN gibt, ist es höchst spannend, aus der Perspektive eines jeden Individuums die vom ICH-BIN geschaffene Welt zu betrachten und sich daran zu erfreuen.*

Dass jeder Mensch genau am richtigen Platz ist und genau die richtige Aufgabe in diesem Moment erfüllt, und es nichts daran zu ändern oder zu verbessern gibt, steigt in mir hoch. Viele Aussprüche aus der Bibel werden mir nun verständlich und so erkenne ich leicht die falsche Auslegung. Und mir wird klar, was Jesus damit meinte, als er sagte: „Wahrlich ich sage euch: Was ihr dem Geringsten meiner Brüder getan habt, das habt ihr mir getan" (Matt. 25,31).

Weil ich in dem ICH-BIN-Bewusstsein gleichsam auch der andere bin. Jegliche Trennung ist aufgehoben. Es gibt nichts – nur das JETZT und das ICH-BIN.

Viele Menschen meinen, dass im Zustand des "Eins-Seins" die Gedanken der anderen Menschen gehört oder erkannt werden müssten. Dem ist nicht so. Gedanken sind Produkte des Verstandes. Dieser Bewusstseinszustand jedoch befindet sich ausserhalb des Verstandes in der Transzendenz.

Der transzendente Zustand hielt drei Tage an. Danach bemerkte ich, wie allmählich meine Persönlichkeit zurückkehrte. Mein Bewusstsein verfiel wieder in die Dualität.

Dahinter zu blicken war für mich reinste Gnade; und es macht mich noch immer zutiefst dankbar.

Für jene, die das noch nie erlebt haben, mag es durchaus schwer zu verstehen sein, denn über den Verstand beziehungsweise über das Ego kann es nicht begriffen werden!

Bleiben Sie offen. *Ihre* Erfahrungen mit dem Hohen Selbst oder der Seele können ganz anders verlaufen. Auch bitte ich Sie, machen Sie sich kein Bild davon, wie Ihre Seele aussehen könnte.

Alles was Sie sehen, stellt nur einen annähernden Wert der erfassten Schwingung dar; und kann auch in vielen Fällen als Metapher verstanden werden.

Näheres dazu finden Sie im Kapitel: Sehen und Wahrnehmen im ausserkörperlichen Zustand, Seite 123.

Unterschied zwischen Seele und Hohem Selbst

Sehr vereinfacht ausgedrückt, können Sie sich die Seele wie ein AKKU-Ladegerät vorstellen, das sich ausserhalb unseres physischen Körpers befindet und den Seelenteil, der in uns ist, mit Lebensenergie versorgt. Sie stehen in Resonanz zueinander.

Der Seelenteil ist auch bekannt als der berühmte "göttliche Funke" und ist in diesem Beispiel quasi die Batterie, die den physischen Körper am Leben erhält. Ohne die Seele gäbe es nicht den Seelenteil und ohne den Seelenteil gäbe es kein feststoffliches Leben.

Das Hohe Selbst oder göttliche Selbst, auch die Intuition, die innere Führung oder die innere Stimme genannt, ist mit der ICH-BIN-Realität verbunden und im höheren Mentalkörper des Menschen verankert.

Zu unterscheiden, wann wirklich das Höhere Selbst und nicht nur der Verstand in uns spricht, setzt ein hohes Mass an Selbsterkenntnis voraus.

Hilfe weiter geben

Als ich mich selbst oft genug erforscht und meine Neugierde gestillt hatte, überlegte ich mir, was für einen Nutzen ausserkörperliche Reisen noch haben könnten. Da kam mir die Idee, ob es denn möglich wäre, im AKE-Zustand Menschen oder anderen Wesen meine Hilfe in der feinstofflichen Welt anzubieten: Was würde geschehen, wenn ich dies täte?

(AKE)
Ich wälze mich schon seit längerer Zeit ruhelos im Bett und so entschliesse ich mich willentlich eine AKE zu versuchen. Im hypnagogen Zustand fange ich an zu brummen und löse mich von meinem Leib ab. Es gelingt mir und sofort springe ich in meinem Astralkörper aus dem Fenster, damit ich nicht wieder in meinen feststofflichen Körper zurückgezogen werden kann. Ich konzentriere mich auf die Frage: „Wer benötigt meine Hilfe?"

Ich lande in einem schwach beleuchteten Tunnel und weil ich weiter nichts Auffälliges sehe, bitte ich um Führung.

Sofort steht eine ängstliche männliche Gestalt vor mir. Ich frage ihn in Gedanken: „Kann ich Dir helfen?"

Während ich mein Herz öffne und ihm positive Energie sende, nehme ich von ihm Gefühle der Orientierungslosigkeit wahr. Als ich mich umdrehe, sehe ich hinter mir in einiger Entfernung eine Schleuse und spüre eindeutig, dass er dort hindurchgehen soll. Ich zeige ihm die Schleuse, die sich rasch öffnet. Er zögert noch und ich nutze die Gelegenheit ihn beim Arm zu packen und so rennen wir beide durch die sich wieder schliessende Schleuse hindurch. Wir schaffen es rechtzeitig und befinden uns auf einer belebten Strasse. Es ist ein heller, freundlicher Tag. Der blonde Mann sieht nun viel entspannter aus. Er bedankt sich für meine Hilfe und verschwindet in der Menge.

Ich freue mich, dass ich Hilfe geben konnte, und konzentriere mich auf meinen Körper.

Das können Sie auch machen, indem Sie sich die Weisung geben: „Wer benötigt meine Hilfe?" Sie sollten dabei völlig offen bleiben und neugierig sein, was mit Ihnen geschieht und wo es Sie hinzieht.

Konkrete Hilfe anbieten:

Ein enger Freund von mir, ich nenne ihn hier einfach Jakob, steckte in geschäftlichen Schwierigkeiten. Als ich im AKE-Zustand war, bat ich darum, dass es mir erlaubt sei, ihm in der feinstofflichen Ebene helfen zu dürfen, damit er sein Problem auf der materiellen Ebene leichter lösen könne.

(AKE)
Ich liege im Bett und spüre, wie meine Kundalini-Energie den Rücken hoch und wieder herunter strömt; es ist äusserst schmerzhaft, das hilft mir aber den Körper zu verlassen.

Ich formuliere meine Bitte und stehe vor einem Tunneleingang. Noch zögere ich hineinzugehen, da erfasst mich ein starker Sog und zieht mich durch den langen schwarzen Tunnel hindurch, und als ich auf der anderen Seite wieder herauskomme, stehe ich überrascht in einer Menschengruppe. Jakob gehört auch zu dieser Gruppe.

Ich weiss, dass jeder einzelne etwas erfüllen muss, und ahne bereits, was mich gleich erwarten wird. Als ob mein Helfer meine

Gedanken erraten hätte, kommt er auf mich zu und lächelt beruhigend. Dann fasst er mich am Arm und führt mich wieder zu einem Tunnel, der wie eine dunkle Röhre vor mir liegt, und lässt mich allein.

Es zieht mich wieder hindurch auf eine andere Ebene. Ich weiss, ich muss gegen das Böse kämpfen, dass sich sogleich als circa 1,50 Meter grosse, fluoreszierende, giftgrüne Energiekugel zeigt. Sie rotiert und dehnt sich immer weiter aus.

Ich spüre die gewaltige Kraft, die in der Kugel steckt. Geschickt kann ich ausweichen, doch ich muss auf der Hut sein. Sie ist schnell und rollt nach allen Seiten, um mich zu verschlingen. Ich schicke mit den Gedanken "ich bin das Licht" geistige Pfeile an sie ab. In der Mitte dieser grünen fluoreszierenden Kugel wird es weisser und heller.

Es gelingt mir mit dieser Information die negative Kraft zu transformieren.
Das transformierte, strahlend weisse Licht, muss zuerst noch in mich eindringen, doch es wird schwarz um mich herum. Zwei bis drei Sekunden vergehen, da schiesst aus der

Mitte der Kugel ein weisser gleissender Lichtstrahl genau in mein Herz. Dicker Nebel umhüllt mich und ich atme ihn ein. Ein tiefes Gefühl der Geborgenheit, Einheit und Verschmelzung erfüllt mich, denn ich bin das Licht und der Nebel zugleich. Es ist völlig real für mich!

Danach zieht es mich wieder durch einen dunklen, röhrenförmigen Tunnel zurück auf die Ebene der Menschengruppe. Neben mir steht Jakob und erzählt mir, dass er auch seine Aufgabe auf der anderen Ebene gelöst hat.

Das Interessante nach dieser AKE war, dass Jakob kurz darauf ein gutes Angebot bekam, das ihm half, seine geschäftlichen Schwierigkeiten zu lösen.

Gerade weil die Menschen oft so ihre Zweifel haben, ob solche Erlebnisse "real" sind oder nicht, möchte ich ein Erlebnis erzählen, welches mit einem "reellen Ergebnis" endete:

Manchmal ist es mir erlaubt, im Stadium meiner Ausserkörperlichkeit die Angstwesen des einen oder anderen Kursteilnehmer auf der feinstofflichen Ebene aufzulösen. Da hat man es schon mal mit gruseligen Wesen zu tun, die in der Regel alles daran setzen um zu überleben. Unser Hund Tex hat mir in diesen Situationen oft geholfen.

(AKE)
Ich befinde mich im Wasser; auf einmal spüre ich von hinten, wie mich jemand am Hals packt und unter Wasser drücken will. Ich kämpfe dagegen an, aber trotz aller Gegenwehr zieht es mich runter. Unter Wasser attackieren mich viele dunkle schleimige Wesen.

Mit aller Kraft versuche ich die Wasseroberfläche zu erreichen um nach Luft zu schnappen. Jedes Mal, wenn ich wieder auftauche, werde ich erneut unter Wasser gedrückt. Ich ringe nach Luft und denke kurz: „Dieses Mal wird es mir wohl nicht gelingen, die Wesen zu eliminieren!" Plötzlich sehe ich, wie unser Hund erscheint, um mich zu beschützen.

Er hilft mir, ein schleimiges Wesen nach dem anderen zu bekämpfen, bis es sich auflöst. Als die ganze Kampfszene zu Ende ist, sehe ich, wie sich in meinem Hund ein grauhaariges Wesen zeigt.

Es sagt mir auf telepathischem Wege, ich müsse ihm jetzt helfen, denn er, beziehungsweise der Hund müsse seine Notdurft verrichten und ich solle endlich wieder in meinem physischen Körper zurückkehren.

(Dazu muss man wissen, dass wir vor dem Schlafengehen immer mit unserem Hund Gassi gingen, und er dann normalerweise bis zum anderen Morgen durchhielt.)

Im Körper zurück, noch im Halbschlaf und erschöpft von dem Erlebten, wecke ich meinen Mann mit der Bitte auf, er möge doch aufstehen und mit dem Hund Gassi gehen. Er brummelt: „Ja, mach ich" und schläft, wie ich später merke, selig weiter!

Mit dem Gefühl des „Wach jetzt endlich auf", falle ich in einen unruhigen Schlaf, kann mich aber nicht aufraffen aufzuwachen und aufzustehen.

Am nächsten Morgen hatte ich die "Bescherung". Unser Hund hat in seiner Not eine Ecke hinter unserem Vorhang gefunden, um sein "Geschäft" zu verrichten.

Natürlich hatte ich ein schlechtes Gewissen. Der Geist meines Hundes hatte mir geholfen, ich ihm aber nicht.

Diese Erfahrung führte mich weg vom Glauben hin zum Wissen, dass Tiere beseelt sind!

III Teil

Sehen und Wahrnehmen im ausserkörperlichen Zustand

Dazu müssen wir uns zuerst mit der materiellen Welt befassen. Wie funktioniert eigentlich das physische Sehen?
Die visuellen Sinne des Menschen, das heisst die Augen, sind allein auf elektromagnetische Wellen ausgerichtet, allerdings nur auf einen bestimmten Ausschnitt, und sie nehmen daher nur einen eher schmalen Streifen aus dieser Schwingungs-Bandbreite wahr. Alles andere, was im Universum existiert und nicht mit elektromagnetischen Wellen und Schwingungen interagiert, bleibt somit für den Menschen unsichtbar.

So können die Augen (ohne technische Hilfsmittel) weder Infrarot noch Gammaoder Röntgenstrahlen wahrnehmen. Wir Menschen sehen einen Gegenstand nur aus einer bestimmten Perspektive innerhalb eines sehr engen Frequenzbereichs. Wollen wir mehr von diesem Gegenstand sehen, das heisst, eine objektivere Sicht auf reale Gegenstände bekommen, dann bräuchten wir neben den Augen zusätzlich eine Wärmebildkamera oder ein Röntgengerät. Wie sehr wir der Illusion unserer Wahrnehmung unterliegen, zeigt allein schon die Tatsache, dass das Gehirn alle Farben selbst kreiert.

Alles was farbig erscheint, hat seine Ursache darin, dass die Materialien in unserer Umwelt (Bäume, Blätter, Holz, Metall, Häuser, etc.) die elektromagnetischen Wellen der Sonne absorbieren und nur eine spezielle Welle reflektieren. Die reflektierten Wellen treffen auf das Auge, werden zum Gehirn weitergeleitet, von diesem in ein farbiges Bild umgesetzt, und dem "Besitzer" des Gehirns buchstäblich vor Augen gehalten.

Grundsätzlich ist es so, dass der Mensch nichts sehen kann, was er nicht schon vorher in seinem ganzen Leben visuell erfahren und vom Verstand her begriffen und definiert hat.

Als Kinder haben wir unsere Umwelt entdeckt und Stück für Stück kennengelernt; und haben dazu vieles von unseren Eltern erklärt bekommen, zum Beispiel wie dieses komische Ding mit drei Ecken (das Dreieck) benannt wird oder wie die Farben heissen.

Das alles wurde in unserem Gehirn abgespeichert, katalogisiert und definiert. Wir können nichts sehen oder erkennen, was wir nicht schon irgendwann einmal geschaut haben. Wenn ich Sie frage: Wie sieht ein *"Grulundischabi"* aus, haben Sie keine Vorstellung davon.

Wenn keine Vorstellung existiert, oder wir ein Ding so gar nicht in Bezug zu etwas bereits Bekanntem setzen können, würden wir wahrscheinlich einfach daran vorbei gehen, es wäre sozusagen unsichtbar für uns Menschen.

Im AKE-Zustand sehen wir ähnlich wie im physischen Zustand.

Die Wellen und Schwingungen in der Astralwelt werden mit dem Astralkörper aufgenommen und durch unseren Geist und Verstand wiedergespiegelt. Die Informationen werden an das physische Gehirn weitergeleitet. Dieses kann jedoch nur jene Informationen herausfiltern und wiedergeben, die es bereits kennt und hierfür dementsprechende Bilder – in der Regel verbunden mit Gerüchen, Tönen oder Emotionen – abgespeichert hat. So sind die Bilder, die wir in AKEs, Meditationen oder auf mentalen Reisen sehen, wie etwa Engelwesen, Geistwesen oder Gott nur Konstrukte unseres Gehirns. Der menschliche Verstand kennt bis dato nur eine einzige Spezies, die er als "intelligent, mit Selbstbewusstsein ausgestattet und frei in ihrer Entscheidung" wahrnimmt und zulässt:

Den Menschen!

Wenn der Mensch auf seinen AKE-Reisen auf Wellen und Schwingungen trifft, die die vorgenannten Merkmale "intelligent", "mit Selbstbewusstsein ausgestattet" und "frei in ihrer Entscheidung" aussenden, so interpretiert das Gehirn diese Schwingung automatisch als "menschenähnlich" und kreiert im Kopf ein menschliches Abbild, welches dieser Schwingung am nächsten kommt.

Da jeder Mensch in seinem Leben schon einmal Bilder von Engeln sah und ganz bestimmte Vorstellungen daran knüpfte (Liebe, Reinheit, Hilfsbereitschaft, Gottes Nähe und was der einzelne sonst noch damit verbindet) und diese in seinem Gehirn abspeicherte, tut sich das Hirn leicht, dieses Bild in seinem Gedächtnisspeicher als reale Erscheinung aufleben zu lassen.

Das heisst nicht, dass diese Schwingungen und Wellen (diese Bewusstseinseinheiten) nicht existieren; vielmehr drücke ich damit aus, dass das Bild, das wir Menschen sehen, nur einen approximativen Wert, einen Annäherungswert an ein **tatsächlich existentes Bewusstsein** darstellt.

Im Klartext, ob die Engel oder Geisthelfer wirklich so aussehen, ist eher unwahrscheinlich. Deswegen sagen wir ja auch oft: „Es sieht aus wie…"

Emotionen

Seien Sie sich bewusst, dass die Dinge, die wir sehen oder wahrnehmen nur "SIND". Sie haben keine Emotionen. Wir Menschen interpretieren Emotionen in die Dinge hinein.

Ob ein Baum auf uns schön wirkt, hängt von bisherigen Erlebnissen mit einem Baum ab aber auch vom persönlichen Sinn für Ästhetik. Oder ob ein Ereignis schlechte Emotionen in uns auslöst, wurde schon in der Vergangenheit geprägt. Wir entscheiden, wie etwas auf uns wirkt – positiv oder negativ – schön oder nicht schön.

Wie wichtig es ist seine Emotionen so gut wie möglich im Griff zu haben, können Sie anhand meiner AKEs erkennen. Viele Erlebnisse wurden vorzeitig abgebrochen, da ich in den Schrecksekunden meine Emotion nicht beherrschen konnte.

Achten Sie darauf, welche prägnanten Emotionen Sie im Laufe eines Tages spüren; und schreiben Sie diese auf. Dadurch dass Ihnen die Emotionen bewusst sind, können Sie auf diese besser einwirken und sie auch lenken und steuern.

Probieren Sie einmal folgendes aus:

Sobald Sie sich in einer starken negativen Emotion befinden, atmen Sie tief durch, um ruhig zu werden. Stellen Sie sich dabei ein vom Sturm gepeitschtes Meer vor, das immer ruhiger wird, bis die Wasseroberfläche spiegelglatt ist.

Wenn Sie eine glatte Wasseroberfläche gut visualisieren können, werden Sie bemerken, dass Sie innerlich und äusserlich ruhig geworden sind.

Üben Sie das im täglichen Leben, bis Sie von einer bewegenden Emotion ausgehend auf Knopfdruck total ruhig und gelassen werden können.

Das hilft Ihnen im AKE-Zustand überlegter zu handeln.

Selbsterschaffene Angstwesen

Angstwesen werden von uns Menschen selbst erschaffen.

Ja, Sie lesen richtig! Und ich gehe davon aus, dass diese bereits in der frühen Kindheit entstehen. Die Frage ist nur, wie weit beeinflussen sie heute noch täglich unbewusst unseren Alltag. Ausgehend von der morphischen Feldtheorie nach Rupert Sheldrake[3] wird durch ständiges Wiedererleben (man könnte auch sagen Wiederbeleben) einer bestimmten Furcht oder Angst ein Energiefeld erzeugt.

Damit dieses Energiefeld (oder Angstwesen) weiter existieren kann, muss es immer wieder mit neuer gleichschwingender Energie in Resonanz treten oder anders ausgedrückt mit negativen Emotionen gespeist werden. Irgendwann wird die Energie so stark, dass sie in Wechselwirkung mit dem Menschen, der die Energie erzeugt hat, tritt, und unabhängig von ihm reagiert.

---

[3] Siehe auch Sheldrake: Das schöpferische Universum, Ullstein Verlag 1993.

Zum Beispiel geschieht das, wenn man plötzlich von Angstgefühlen überrascht wird, ohne zu wissen warum.

Dieser Teufelskreis kann erst dann unterbrochen werden, wenn **bewusst** realisiert wird, dass eine **spezifische** Angst oder Furcht vor … existiert. Sobald der Mensch sich seinen bewussten und unbewussten Ängsten und Befürchtungen stellt, ist es möglich, diese im AKE-Zustand anzuschauen, sie zu begreifen und schliesslich auch aufzulösen.

Wenn die Ursache erkannt ist, verliert sie den Schrecken. Es gilt Selbstverantwortung zu übernehmen; denn nur daraus wird die Kraft gewonnen, jene negative Energie umzuwandeln.

Niemand, weder fremde noch selbsterschaffene Angstwesen, können Sie im AKE-Zustand töten oder von der Astralebene auf das Physische einwirken. Um den Geist vom physischen Körper zu trennen, müssen die uns bekannten physikalischen Gesetze angewendet werden.

Ein Erlebnis von mir, mit selbst erschaffenen Angstwesen.

(AKE)
Als ich mich von meinem Körper löse, stehe ich neben meinem Bett und spüre erschreckt, dass mich ein Wesen von hinten an der Gurgel packt und zudrückt. Todesangst steigt in mir auf und ich beginne mich heftig zu wehren. Immer wieder versuche ich mich aus dem Würgegriff des Energiewesens zu lösen, was mir aber nicht gelingt.

Während wir noch aufgebracht miteinander ringen, fällt mir plötzlich ein, dass mich niemand im ausserkörperlichen Zustand verletzen oder umbringen kann. Sogleich konzentriere ich mich auf mein Herz-Chakra und produziere positive Gefühle.

Der Kampf hört prompt auf, und ich bin wieder allein. Ich beschliesse in meinen Körper zurückzukehren und wache mit starkem Herzklopfen auf.

Ängste im Alltagsleben umwandeln

Als erstes gilt es zu erkennen, dass die meisten Ängste nur Befürchtungen sind, denn sobald eine Angst beschrieben werden kann (ich habe zum Beispiel Angst vor Krebs) wird sie zur Furcht.

Furcht gibt dem Menschen die nötige Kraft zu handeln und sich anders zu verhalten. Angst dagegen macht starr und handlungsunfähig. Am besten streichen Sie das Wort **Angst** aus Ihrem Wortschatz, sofern die Angst nicht krankhaften Ursprungs ist.

Die einzige Angst, die es überhaupt gibt, ist die Todesangst; denn in dieser *Sache* weiss der Verstand nicht, was nach dem Ableben passiert. Was automatisch wegfällt, wenn Sie AKEs betreiben.

Ansonsten gibt es vielerlei Befürchtungen, wie zum Beispiel vor dem Verlust der Arbeitsstelle und somit der Existenzgrundlage, dem Verlust von Macht, Geld oder der Furcht vor Krankheit, Einsamkeit und vielem mehr.

Um Furcht abzubauen und dadurch mehr Klarheit über sich selbst zu gewinnen, empfehle ich Ihnen, all die bewussten Befürchtungen aufzuschreiben. Anschliessend überlegen Sie sich, was Sie im Hier und Jetzt verändern können, um die Furcht zu mindern.

Ein Beispiel: Sie fürchten sich davor, dass die Arbeitsstelle weg rationalisiert wird. Ihre Überlegung könte sein, dass Sie am besten heute schon damit beginnen, sich über neue Weiterbildungsmöglichkeiten zu informieren, die Ihren Job sichern oder Ihnen die Möglichkeit einer Umschulung erleichtern würden.

Suchen Sie Lösungsmöglichkeiten für weitere Lebensbereiche wie zum Beispiel:

- Gesundheit
- Beruf
- Finanzen
- Familie
- Sexualität und soziales Umfeld

Eine ganz andere Furcht des Menschen besteht darin, dass bei einem ausserkörperlichen Erlebnis der Wieder-Eintritt in den physischen Körper verwehrt werden könnte oder der Weg nicht mehr zurückgefunden wird – was aber ein Irrglaube ist.

Hier eine Episode, bei der ich wirklich dachte, nicht mehr in meinen feststofflichen Körper zurückzukommen:

(AKE)
Es gelingt mir leicht aus meinem Körper zu kommen.

Freude erfüllt mich, und vertrauensvoll lasse ich mich ins Universum fallen. Mit rasantem Tempo fliege ich auf eine Stadt zu. Ich sehe die Lichter unter mir – so nah, dass ich fürchte irgendwo aufzuschlagen. Auf einmal zieht es mich tief hinunter, und ich stürze in eine Felsenhöhle.

Es sieht alles real aus, und ich sehe hilflos zu, wie sich über mir mit lautem Getöse der Felsen verschliesst. Ein riesiger Felsbrocken versperrt mir den Rückweg. Feiner grauer, glitzernder Sand rieselt auf mich herunter. Ich sitze in der Falle.

Ein Geräusch lässt mich zusammenfahren. Aus dem Hintergrund der Höhle ist ein Knurren und Fauchen zu hören, und plötzlich stehe ich drei ausgewachsenen Tigern gegenüber. Sie sind vermutlich genauso überrascht wie ich, denn ihr wütendes Brüllen hallt von den Steinwänden zurück.

Ich sehe keinen rettenden Ausweg und denke voller Verzweiflung: „Jetzt komme ich nie mehr in meinen physischen Körper zurück! Vielleicht haben einige doch recht, wenn sie behaupten, dass man die physische Körperhülle verlieren kann." Die Zeitspanne erscheint mir unendlich lange, bevor mich die Panik unversehens in meinen Körper zurück bringt.

Ich weiss nun bestimmt, dass ich immer wieder in meine feststoffliche Hülle zurückfinde. Erleichtert schlafe ich ein.

Kinder

Mir ist aufgefallen, dass mich meine Kinder bei jeder AKE-Reise begleiteten, bis sie circa 3 Jahre alt waren. Meine Tochter flog jedes Mal mit mir mit, eingehüllt in eine weisse Energiewolke.

Interessant ist, dass sie auch bei mir waren, wenn ich an Wochenenden im Ausland weilte und sie zuhause physisch unter der Obhut meiner Mutter waren. Ich konnte sie energetisch fühlen und des Nachts im AKE-Zustand bei mir erleben.

Das bestätigte meine Vermutung, dass Kinder die ersten 3 Jahre energetisch ganz fest mit der Mutter verknüpft sind.

Ich gehe davon aus, dass es für die heutigen Kinder ganz normal ist, ihre physische Körperhülle zu verlassen. Das lässt sich jedenfalls aus den Träumen der Kinder erschliessen, die es als natürlich empfinden im Traum zu fliegen.
Deswegen sollte es uns Eltern ein Anliegen sein, dieses natürliche Phänomen weiterhin bei den eigenen Kindern zu fördern und zu

unterstützen. Ansonsten geht diese Unbefangenheit durch die Dominanz der linken Gehirnhälfte (die in unserer Gesellschaft vorrangig gefördert wird) schnell verloren.

Damit bei Kindern der natürliche Zugang zu AKEs aufrecht erhalten bleibt, habe ich eine kleine Gutenachtgeschichte im Kapitel IV zusammengestellt.

AKE und körperliche Gebrechen

Wie bereits erwähnt, ist der Astralkörper beliebig formbar. Darüber hinaus hängt es von der Vorstellung des Verstandes ab, wie wir den feinstofflichen Körper wahrnehmen.

Diese Tatsache kann für Menschen, die teilweise oder auch ganz gelähmt sind einen neuen Zugang zu körperlicher Freiheit bedeuten. Alle körperlichen Gebrechen sind im AKE-Zustand aufgehoben. Das heisst, dass der astrale Körper vollkommen gesund und beweglich ist. Der Astralreisende kann alle Bewegungsabläufe ausführen und sich im AKE-Zustand völlig normal bewegen. Dies könnte das Verlangen nach körperlicher Bewegung ausgleichen und gleichzeitig das Akzeptieren der Eingeschränktheit im physischen Leben fördern.

Sogar Menschen, bei denen ein Körperglied fehlt, erkennen im AKE-Zustand, dass der feinstoffliche Körper unentstellt, also vollständig ist. Hierbei ist es wichtig, das fehlende Körperglied im Astralkörper zu stärken und zu gebrauchen, um das Energiefeld weiterhin aufrecht und lebendig zu erhalten.

Forschungen könnten nachweisen, ob die Phantomschmerzen dadurch vermindert werden.

So können auch blinde Menschen im AKE-Zustand wieder sehen, zumindest diejenigen, die irgendwann einmal sehend waren. Hier ist allein der Glaube entscheidend, ob es möglich ist oder nicht.

Bei denjenigen Menschen, die seit Geburt blind sind, weiss ich nicht, wie es sich genau verhält, da das Sehzentrum im Gehirn nicht ausgebildet ist. Ich kann mir jedoch gut vorstellen, dass sie über ihren Tastsinn eine gewisse strukturierte räumliche Vorstellung von Formen, Gegenständen und Räumlichkeiten entwickeln und auch die physikalische Beschaffenheit von Materialien und Räumlichkeiten in einen abstrakten Kontext zueinander setzen können. So gesehen besitzen auch diese Menschen eine Informationsbibliothek, auf das das Gehirn zugreifen kann, um Informationen aus verschiedenen feinstofflichen Ebenen zu interpretieren.

Verwicklung - Entwicklung!

Die ersten Verwicklungen (Prägungen) erhält das Baby in der vorgeburtlichen Phase. In der Kindheit geht es mit den Prägungsphasen[4] weiter. Im Erwachsenenalter kommen berufliche und familiäre Verwicklungen dazu – bis der Mensch in einen dichten Kokon eingehüllt lebt, der praktisch keinen Raum für neues Handeln lässt.

Irgendwann, nimmt der Druck dieser Verwicklungen oder dieses "Eingebundenseins" (B in Abb. 5) so stark zu, dass der Mensch unbedingt etwas Entscheidendes in seinem Leben ändern möchte.

In diesem Stadium fängt die sogenannte Entwicklung an (C in Abb. 5). Bildlich gesehen könnte man es auch als eine *Zurück-zum-Seelenteil-Abwicklung* nennen.

---

[4] Ausführlich im Buch „Auge in Auge mit mir selbst" Band 1 beschrieben, mindspeed-Verlag 1994.

Abb. 5

Die "aktuelle Lebensspirale"

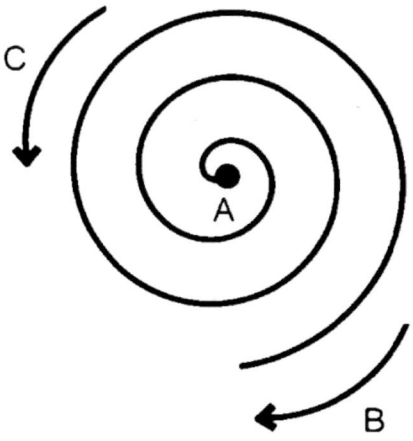

A. Seelenteil.
B. Die Verwicklung des Bewusstseins nimmt zu. Verstrickung in die Illusion.
C. Ent- oder Abwicklung bis zum Seelenteil.

Der Mensch sucht seinen Lebenssinn oder hinterfragt seine Verhaltensweisen, um Änderungen in seinem Leben vorzunehmen. Das Leben selbst ist der grösste Lehrmeister und leitet den Menschen.

Der Mensch kann aber auch seine "Zurück-Entwicklung" beschleunigen, indem er verschiedene hilfreiche Methoden erlernt, um seine unbewussten Blockaden und Befürchtungen aufzudecken. Sobald er diese Methoden anwendet und folglich anders handelt, wird ab diesem Zeitpunkt auch eine Wirkung einsetzen, die seinem Leben eine andere Richtung und Intensität verleiht.

Wichtig ist, dass das Denken und die daraus resultierenden Handlungen bewusst vollzogen und umgesetzt werden.

Der Mensch hat die Macht, seine eigenen Probleme zu *erschaffen*, also hat er auch die Macht, (wenn er das wirklich will) seine Konflikte wieder zu lösen und neue Wege einzuschlagen.

Wissen allein nützt überhaupt nichts in dieser Sache – es muss *begriffen*, gefühlt sowie die Notwendigkeit dahingehend erkannt werden, das neue Denken in Verbindung mit neuem Handeln zu verknüpfen.

Dem Handeln wird oftmals zu wenig Gewicht beigelegt, denn es ist ja anstrengend die gewohnte Position zu verändern! Deswegen ist es wichtig, dass der Mensch die *Vorteile* aus seinem veränderten Verhalten erkennen kann; das macht das Tun einfacher.

Mit jeder neuen Erkenntnis, mit jedem verändertem Handeln (*ent*)*wickelt* sich der Mensch langsam zurück zu seinem Seelenteil und erkennt somit mehr und mehr, wer und was er wirklich ist.

Geschieht dies nachhaltig, löst sich die "aktuelle Lebensspirale" des persönlichen Ichs (Ego) auf und ebenso die in der individuellen Bewusstseinsspirale enthaltenen Spiralen, wie die der vergangenen Leben und der Zwischenleben (Abb.4, Seite 96).

Sodass die umfassende individuelle Bewusstseinsspirale in sich zusammen fällt und in die Seele sowie in den universellen unpersönlichen Bewusstseinsstrom eingeht.

Der Mensch hat dann die Verwirklichung des universellen und unpersönlichen Bewusstseins in der physischen Materie erreicht und damit den sogenannten Quantensprung in die nächsthöhere Dimension geschafft.

Bis dies geschehen ist und man das grosse Ziel erreicht hat, ist es für den Seelenteil ein grosses Abenteuer, sich in der selbst erschaffenen Welt zu vergessen, um sich dann wieder neu zu entdecken und all die gemachten Informationen weiter zu nutzen.

Alle Erfahrungen, die wir hier auf Erden machen, sind nicht verloren! Diese Erfahrungen werden als Informationseinheiten bis zum Tod vom Seelenteil an die Seele – die im Grunde genommen ein Informationsfeld ist – gesandt und dort abgespeichert.

Die feinstofflichen Körperhüllen

Bevor ich mit der Aufzählung beginne, muss ich noch vorausschicken, dass die feinstofflichen Körper als unterschiedlich schwingende und formbare "Energiefelder" angesehen werden müssen. Die verschiedenen Energiefelder sind eng miteinander verwoben und durchdringen einander. Zum besseren Verständnis möchte ich jedoch den Begriff "Körper" benützen, wie er üblicherweise in der esoterischen Literatur gebraucht wird.

Für jede feinstoffliche Welt bedarf es einer anderen Körperhülle in unterschiedlicher Dichte und Schwingung. Um auf der Erde überhaupt existieren zu können und Erfahrungen zu machen, benutzt unser Seelenteil die dichteste Hülle, nämlich unseren physischen Körper!

Ich beginne mit der Aufzählung beim höchstmöglich schwingenden Körper, dem **Seelenkörper A**: Der Seelenkörper ist der Träger des Seelenteils, welcher sich von der Seele gelöst hat. Er gehört zur Seelenebene und kann nur dort existieren.

Wenn der Seelenteil in tiefer schwingenden Ebenen Erfahrungen machen möchte, benötigt er eine tiefer schwingende Hülle, welche genau die Schwingung dieser Ebene beinhaltet. Also braucht der Seelenkörper eine zusätzliche Hülle, **den höheren Mentalkörper B**, auch Höheres Selbst genannt, der Zugang zur Ideen- und Konzeptionsebene hat. Die neuesten mentalen Techniken nutzen diese Ebene bereits zur Informationsgewinnung.

Will der Seelenteil (nun A + B) Erfahrungen in noch tiefer schwingenden Dimensionen machen, benötigt er dazu **den höheren Astralkörper C**.

Mit diesem kann er jedoch nur die "oberen" Astralebenen bereisen, da die Unterschiede der Schwingungen sehr vielfältig sind. Möchte der Seelenteil (nun A, B + C) weitere Erfahrungen in noch dichteren Ebenen machen, benötigt er eine weitere Hülle, **den sogenannten niederen Astralkörper D**, um in den niedereren Schwingungen wahrnehmen und leben zu können. (Höher und nieder wird hier nur zur Veranschaulichung benutzt um einen Unterschied zwischen den verschieden Schwingungsdichten darzustellen.) Je niederer, desto mehr nimmt die Schwingungsdichte zu. Dadurch, dass es sehr viele unterschiedlich schwingende Astralebenen gibt, gehe ich davon aus, dass mehr als nur zwei unterschiedliche Astralkörper oder eben Schwingungsfelder benötigt werden, um die verschiedenartig schwingenden Astralebenen zu erfahren. Zwei Astralkörper machen es jedoch überschaubarer!

Will dieser Seelenteil (nun bestehend aus A, B, C + D) im feststofflichen Bereich unserer materiellen Welt Erfahrungen machen, benötigt er die Hülle des **physischen Körpers E**. Zusätzlich beginnen sich bereits während des embryonalen Wachstums in der Schwangerschaft der **Ätherkörper F**[5] und der **Emotionalkörper G**, der alle Emotionen speichert, zu bilden.

Nach der Geburt mit der fortschreitenden Entwicklung des Verstandes wird der **niedere Mentalkörper H** (auch Gedankenkörper genannt) genährt und entwickelt.

---

[5] Auch Gesundheits- oder Nervenkörper genannt. Ist das Ebenbild des physischen Körpers und gehört zur Ätherebene.

Im niederen Mentalkörper findet die Identifikation mit dem Persönlichkeits-Ich (Ego) statt. Die Körper **G** und **H** stellen zusammen den sogenannten **Traumkörper** dar.

Damit der physische Körper E existieren kann, braucht er alle bereits aufgezählten Körper (A, B, C, D, F, G und H).

Wie wir alle wissen, wirken unter anderem der Mental-, der Emotionalkörper sowie der Ätherkörper direkt auf den physischen Körper ein und können ihn krank oder gesund machen. Manchmal dauert es Jahre bis die Auswirkungen im Materiellen sichtbar werden.

Haben wir jedoch einen gesunden und ausgeprägten Astralkörper, den wir im AKE-Zustand immer wieder reinigen und mit positiven Eigenschaften ausstatten, so öffnen wir eine neue Ebene, um unseren feststofflichen Körper nachhaltig energetisch zu stärken und so das irdische Leben zu verlängern.

Alle feinstofflichen Hüllen (Energiefelder) durchdringen den physischen Körper und ergeben den vollständigen Menschen.

Jede Körperhülle ist mit einem Energiezentrum (Chakra) verbunden. Umso offener die Energiezentren sind, desto mehr Lebensenergie fliesst in den physischen Körper hinein.

Ohne diese feinstofflichen Körper wäre es unmöglich, den feststofflichen Körper am Leben zu erhalten (Abb.6).

A: Der Seelenteil; (ist mit dem Herz-Chakra verbunden).

B: Der höhere Mentalkörper oder das Hohes Selbst; (ist mit dem Kronen-Chakra verknüpft).

C/D: Der niedere und der höhere Astralkörper (gehören zum Stirn-Chakra).

E: Der physische Körper (hängt mit dem Wurzel-Chakra zusammen).

F: Der Ätherkörper (gehört mit dem Solarplexus-Chakra zusammen).

G: Der Emotionalkörper (ist mit dem Sexual-Chakra verbunden).

H: Der niedere Mentalkörper (entspricht dem Kehl-Chakra bei der Schilddrüse).

Abb. 6

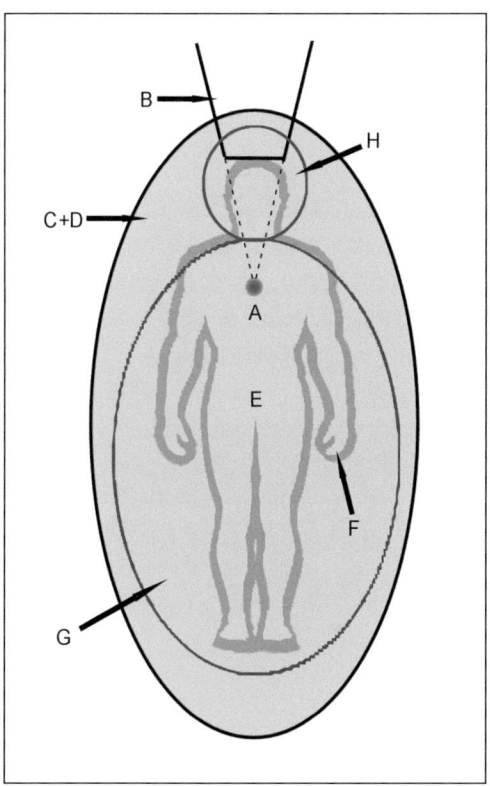

Wenn die Chakren von A und B vollkommen offen sind, verschmelzen die Energien und das Höhere Selbst wird **bewusst** in den Alltag integriert und somit der Gott-Mensch auf Erden gelebt.

Könnte dies nicht der Bewusstseinswandel sein, der durch das Ende des Mayakalenders im Jahr 2012 angezeigt wurde?

Vielleicht ist gerade die Verschmelzung von A und B der fehlende Bewusstseinsteil, den wir über all die Jahrtausende im Aussen (in unseren Partnern, in Gott, wie ihn die Kirchen verkünden, in der unberührten Natur etc.) suchen und deshalb nicht finden können, weil er in uns selbst liegt?

Illusion - das Leben in der Dualität

Meiner Meinung wie auch meiner Erfahrung nach existiert keine *objektive* Wahrheit und Realität.

Wussten Sie eigentlich, dass das Gehirn keinen Unterschied macht zwischen einem Objekt, das es in der Aussenwelt wahrnimmt, und einer Vorstellung im Kopf?

Forschungen ergaben, dass die gleichen Gehirnregionen aktiviert bleiben, gleichviel ob etwas wahrhaftig im "Aussen" gesehen wird oder "nur" vor dem inneren Auge visualisiert wird. Das bedeutet, dass beide Welten, die physische und die feinstoffliche Welt, für unser Gehirn gleichwertig real sind!

So individuell wie die Erlebniswelt eines jeden Individuums ist, so individuell gestalten sich auch die feinstofflichen Welten.

Der Satz: „Dir geschieht nach Deinem Glauben" ist eine universelle Gesetzmässigkeit um das grosse Spiel "Leben" in Gang zu halten.

Da wir Menschen uns stets getrennt von dem anderen und vom Rest der Welt wahrnehmen, leben wir in der Illusion oder in der sogenannten Dualität.

Es gibt für uns eine Vergangenheit, eine Gegenwart und eine Zukunft, die sich auf Annahmen, Vermutungen, Wünschen und Glaubensvorstellungen aufbaut. So gesehen, interpretieren wir ständig nur die Welt und können sie nicht wahrnehmen, so wie sie tatsächlich ist. Dies geschieht aufgrund unserer Persönlichkeit.

Irgendwann kann sich diese Persönlichkeit soweit auflösen, dass es dann kein persönliches Ich (Ego) mehr gibt. Mit dem Ego verschwinden dann auch die Wahrnehmungen der Vergangenheit, der Zukunft und all das, was auf Getrenntheit/Dualität basiert.

Dann existiert nur noch das Jetzt-Einheitsbewusstsein oder wie im Erlebnis mit dem Hohen Selbst beschrieben: Die ICH-BIN-Realität.

In diesem Bewusstsein wird erkannt, dass ALLES immer eins war, ist und sein wird.

Leider führt kein Weg dorthin, denn jegliches Tun und Trachten, um zur ICH-BIN-Realität zu gelangen, ist zum Scheitern verurteilt, da "etwas Wollen" immer seinen Ursprung im EGO hat.

Das einzige was getan werden kann, ist das Leben *jetzt* bewusst wahrzunehmen und zu geniessen, das Herz zu öffnen und mit Hingebung und Neugierde sich selbst besser kennenzulernen.

Damit besteht die Chance immer mehr aus der selbstgeschaffenen Illusion herauszutreten und schliesslich zu erkennen, *wer* und *was* wir sind.

Solange wir in dieser Dualität leben, ist es wichtig, alles um uns herum zu erfassen, zu begreifen, auszuprobieren und zu erforschen. Es ist schön zu leben und alle Möglichkeiten intensiv zu nutzen, ohne im Nachhinein etwas bereuen zu müssen.

Denken Sie daran, wie oft wir uns sagen, wenn ein lieber Mensch plötzlich gestorben ist:

„Das Leben kann so schnell und unverhofft vorbei sein – wir müssen das Leben geniessen, es vor allem mit Freude und Dankbarkeit annehmen und bewusst gestalten!"

Wie lange aber hält der Vorsatz an? Solange bis uns wieder der Alltagstrott eingeholt hat. Oftmals nicht länger als ein oder zwei Tage!

Aber im Augenblick des Todes gibt es kein Zurück! Gedanken wie: „Hätte ich doch nur…" kommen dann zu spät.

Gibt es Gott in der feinstofflichen Welt?

Natürlich kann jemand, der ausserkörperliche Reisen macht, nicht sagen, was den Menschen nach dem Tod genau erwartet, und ob Gott sich uns offenbart.

In vielen Religionen heisst es, dass der Mensch Gott nach dem Tod begegnet. Das wäre jedoch das gleiche, wenn ich Ihnen sagen würde, gehen Sie hier auf Erden Gott suchen. Ich denke, Sie würden ihn hier auch nicht finden, sondern immer nur den Ausdruck Gottes. Sie wissen vielleicht, dass Gott in allem anwesend ist, aber körperlich (von Angesicht zu Angesicht) können Sie ihn nicht sehen.

Ich habe versucht, Gott in den feinstofflichen äusseren Welten zu finden. Ich habe lange gesucht und nichts gefunden – bis ich ihn in mir selbst fand.

Ein guter Weg dahin ist, zur eigenen Seele und zum Hohen Selbst vorzustossen, um für einen kurzen, aber tief verändernden Moment Einsicht in sich selbst zu haben – und somit auch in Gott.

Teil IV

Für diejenigen Leser, welche sich noch nie mit der Technik der Visualisierung, Meditation oder AKE beschäftigt haben, sind die nachfolgenden vier Vorübungen hilfreich, um die geistige Wahrnehmung zu aktivieren.

Sensibilisierungs-Übungen für Anfänger

Aktivierung der rechten Gehirnhälfte:

Schauen Sie ganz bewusst mit offenen Augen an Ihrem Körper hinunter auf Ihre Füsse. Achten Sie darauf, was Sie anhaben, und wie Ihre Füsse aussehen. Am besten sind Sie dabei barfuss. Schauen Sie auf Ihre Hände, lassen Sie Ihren Blick den Körper entlang wandern und prägen Sie sich alles genau ein. Danach schliessen Sie Ihre Augen und erinnern sich im Geist daran, was Sie soeben gesehen haben.

Achten Sie darauf, dass Sie sich jedes Detail in Erinnerung holen. Sobald Sie merken, dass die Konzentration oder das Bild schwächer wird, öffnen Sie die Augen und betrachten sich noch mal ausführlich. Dann schliessen Sie die Augen wieder und versuchen das Gesehene aus der Erinnerung zu rekonstruieren.

Machen Sie das solange, bis es Ihnen leicht fällt, Ihren Körper mit geschlossenen Augen zu betrachten. Sollten Sie damit Mühe haben, dann üben Sie, wann immer Sie die Zeit dazu haben. Sie brauchen nicht länger als fünf Minuten für das Training aufzuwenden.

Ob Sie Ihr Bild aus der Erinnerung abrufen oder Ihre Vorstellungskraft gebrauchen, spielt dabei keine Rolle. Wichtig ist, dass Sie auf irgendeine Art und Weise sich selbst, das heisst Ihre Gestalt, im Geiste vorstellen können.

Tast-Übung:

Tasten Sie – am besten stehend – Ihren Körper intensiv mit den Handflächen ab. Sie können dabei auch Ihre Augen schliessen. Gehen Sie in Ihr Gefühl, streichen Sie mit der linken Hand über Ihre rechte Schulter, anschliessend weiter den Oberarm entlang bis zum Ellenbogen.

Danach weiter über den Unterarm zum Handgelenk bis hin zu den Fingerspitzen.

Wie fühlt sich dabei Ihre Haut an? Wie fühlen sich Ihre Armmuskeln an? Wie ist das Gefühl, wenn Sie sich über den Arm streichen? Dehnen Sie die Übung über den ganzen Körper aus, solange bis Sie die Sinneswahrnehmungen abrufen können, ohne Ihren physischen Körper dabei zu berühren. Tasten Sie Ihren Körper in Gedanken ab und erinnern Sie sich dabei, wie es sich angefühlt hat, bei der direkten Berührung. Trainieren Sie das immer wieder.

Konzentrationsübung:

Diese Übung schärft Ihre Konzentration und Aufmerksamkeit und lässt Sie erkennen, dass Ihr Bewusstsein unabhängig vom physischen Körper lebt.

Setzen Sie sich auf einen Stuhl.
Gehen Sie ganz in sich, schliessen Sie dabei die Augen und versuchen Sie Ihr Bewusstsein im Körper zu orten. Wo im Körper befinden Sie sich?
Gehen Sie mit Ihrer Aufmerksamkeit zu Ihrer Nasenwurzel, dann weiter zum Mund und zur Zunge. Fühlen Sie, wie die Zunge

über die Zähne streicht und den Gaumen berührt. Bewegen Sie sich dann in der Fortsetzung hinunter zum Hals, dann weiter zum Herz und nehmen Sie sich anschliessend im Bauchnabel wahr. Probieren Sie an den einzelnen Stationen wirklich dort zu sein und nicht nur zu denken, dass Sie dort sind. Schauen Sie mit Ihrem Bewusstsein aus Ihrem Bauchnabel heraus. Spüren Sie wie weit entfernt Ihr Kopf vom Bauchnabel ist? Gehen Sie wieder Stück für Stück zurück in Ihren Kopf hinein. Drehen Sie sich dann im Kopf um und schauen Sie durch Ihren Hinterkopf hinaus. Was nehmen Sie wahr?

Innere Ton-Übung:

Stellen Sie sich vor, dass sich der innere Ton zwischen Ihren Ohren in der Mitte Ihres Kopfes befindet. Am besten visualisieren Sie sich ein schmales Band, das Sie, von Ihrem rechten Ohr durch den Kopf verlaufend, zu Ihrem linken Ohr spannen. Auf dem Band fixieren Sie in der Mitte eine kleine Kugel, die den inneren Ton repräsentiert.

Dieser innere Ton ist hörbar und verkörpert Ihre eigene Schwingung. Die meisten Menschen haben ihn schon mal gehört, denn er ist seit unserer Geburt vorhanden. Es ist ein hoher Ton, etwa in der Art wie das Tonsignal, dass früher beim Radio oder TV nach Sendeschluss zu hören war. Der Ton kann sich aber auch über Oktaven aufbauen. Achten Sie mal nachts darauf, wenn alles still ist, dann nehmen Sie ihn leicht wahr. Je lauter der Ton ist, umso stärker ist Ihre mentale Energie. Wenn Sie darin geübt sind, können Sie den Ton, wann immer Sie möchten, hören. Sobald Sie im Ton sind, distanzieren Sie sich leichter von äusseren Einflüssen.

Den inneren Ton können Sie zudem im ausserkörperlichen Zustand jederzeit benutzen. Wenn Sie sich auf ihn konzentrieren, kehren Sie wieder in Ihren materiellen Körper zurück.

Bei allen Übungen können Sie nichts falsch machen. Es kann auch nichts passieren, Sie brauchen also keine Befürchtungen zu haben.

AKE-Übungen

Nachfolgend habe ich verschiedene AKE-Übungen zusammengestellt, die Sie als Ergänzung oder Abwechslung zur Hauptübung (Seite 30) benutzen können.

1. Visualisierungen
2. Affirmationen
3. Summen/Brummen
4. Luzide Träume

Jede einzelne Anleitung ist unabhängig und hat die Kraft den Schwingungszustand Ihres Astralkörpers bewusst zu erhöhen, so dass Sie sanft in die Technik der AKE eingeführt werden.

Wählen Sie eine Übung aus und praktizieren Sie diese jeweils so lange assoziiert, bis Sie einschlafen und setzen Sie sie zwischen den Wachphasen in der Nacht und in der Aufwachphase immer wieder von Beginn an fort.

Achten Sie darauf, dass Sie sich, wann immer möglich, **rechts** aus dem physischen Körper denken. Je nachdem müssen Sie sich selbst oder das Bett so positionieren, dass Sie nach rechts aus dem Bett raus steigen können.

1. Visualisierungen

Sinneswahrnehmung I:

Suchen Sie sich in Ihrem Haus drei bis vier Lieblingsgegenstände aus, die Sie in Ihr Schlafzimmer holen. Betrachten Sie intensiv die Gegenstände, nehmen Sie alle in die Hände oder tasten Sie sie ab, riechen Sie daran, klopfen Sie mal darauf – wie tönt es? Gebrauchen Sie Ihre Sinne! Stellen Sie die Objekte dann mindestens drei Meter vom Bett weg. Legen Sie sich dann für das AKE-Training ins Bett und schliessen Sie Ihre Augen.

Stellen Sie sich Ihren Körper vor und fühlen Sie, wie Sie neben Ihrem Bett stehen. Schauen Sie an sich herab und tasten Sie sich geistig ab. Danach gehen Sie assoziiert zu Ihren Lieblingsgegenständen und tasten sie erneut ab. Es ist wichtig, dass Sie versuchen die Gegenstände zu sehen, zu riechen und zu fühlen, so wie Sie es vorher physisch getan haben. Bleiben Sie dabei bis Sie einschlafen.

Sinneswahrnehmung II:

Begeben Sie sich in die Küche und gehen Sie zum Kühlschrank. Es geht nun darum, jeder Ware im Kühlschrank höchste Aufmerksamkeit zu schenken, indem Sie sich jedes Detail merken.

Welche Konsistenz haben die Lebensmittel? Rau, fein, hart oder weich? Sind sie schwer oder leicht? Wie riechen sie?

Wenn Sie sich alles ausführlich gemerkt haben, gehen Sie bitte in Ihr Schafzimmer und legen Sie sich hin. Schliessen Sie die Augen und stellen Sie sich vor, wie Sie wiederum neben Ihrem Bett stehen und zur Schlafzimmertüre gehen. Achten Sie darauf, wie sich das Gehen anfühlt; wie fühlt sich die Türklinke an? Öffnen Sie dann die Türe und gehen Sie in die Küche zum Kühlschrank. Verhalten Sie sich jetzt genau gleich, wie Sie es vorhin in der Wirklichkeit getan haben.

Nehmen Sie die gleichen Lebensmittel im Geist in die Hand und versuchen Sie die Sinneseindrücke neu zu erleben.

Sollte es nicht auf Anhieb funktionieren, erinnern Sie sich an die realen Sinneseindrücke. (Wie hat es sich angefühlt, wie hat es gerochen, wie schwer war es?) Praktizieren Sie das, bis Sie einschlafen.

Ist Ihre Küche jedoch eine oder mehrere Etagen tiefer vom Schlafzimmer entfernt, dann sollten Sie sich in einen Raum hinlegen, der sich auf der gleichen oder einer tieferen Etage als die Küche befindet.

Wichtig ist, dass Sie niemals eine Treppe hinuntergehen, wenn Sie sich aus Ihrem Körper denken, da dies das Aussteigen aus der Körperhülle erschwert. Sie drücken sonst gedanklich den Astralkörper in den physischen Leib hinein.

Anstelle der Küche können Sie auch einen anderen Wohnraum wählen und dort die enthaltenen Gegenstände dieses Raumes zur Übung verwenden.

Sinneswahrnehmung III:

Um eine gewisse Spannung aufzubauen können Sie, wenn Ihnen die vorangehende Übung leicht fällt, den Schwierigkeitsgrad der Aufgabe steigern und damit Ihre Intuition und aussersinnliche Fähigkeit mit trainieren.

Bitten Sie Ihren Partner/in, einen fremden, nicht in den Kühlschrank gehörenden Gegenstand dort hinein zu legen zum Beispiel ein Stück Seife.
Machen Sie dann die Übung *Sinneswahrnehmung II*. Achten Sie darauf assoziiert zu sein und finden Sie heraus, was Ihr Partner/in, in den Kühlschrank gelegt hat.

Diese Übung müssen Sie nicht beherrschen, um den Schwingungszustand Ihres Astralkörpers zu erhöhen.

Fallen:

Während Sie im Bett liegen, stellen Sie sich vor, wie Sie aufrecht stehen und sich dann in völligem Vertrauen nach hinten fallen lassen.

Physischer Körper sinkt ins Bett:

Bei jedem Ausatmen stellen Sie sich vor, wie Ihr Körper immer schwerer wird und in die Matratze sinkt, dabei erhebt sich Ihr Astralkörper immer mehr über Ihren physischen Leib.

Schaukeln:

Während Sie im Bett liegen, stellen Sie sich vor, wie Sie in einem Schaukelstuhl sitzen. Beginnen Sie dann aus der Ich-Perspektive intensiv zu schaukeln, so lange bis Sie samt dem Schaukelstuhl nach hinten überkippen.

Drehen:

Stellen Sie sich eine Turnübung am Reck vor. Schwingen Sie hin und her und versuchen Sie einen Überschlag (wie die Schiffsschaukel an der Kirmes) zu erreichen. Wiederholen Sie die Überschläge und werden Sie dabei immer schneller, bis Sie von der Zentrifugalkraft aus Ihrem Körper heraus geschleudert werden.

2. Affirmationen

- Ich bin ausserkörperlich.
- Ich bin aufmerksam, während mein Körper einschläft.
- Ich mache jetzt eine ausserkörperliche Erfahrung.
- Ich trenne mich von meinem physischen Körper.
- Während mein Körper einschläft, bleibe ich wach und mache eine bewusste ausserkörperliche Erfahrung.
- Ich nehme mein Wachbewusstsein mit in den Schlaf.

Benutzen Sie eine dieser Affirmationen oder gestalten Sie sich Ihre eigene. Legen Sie sich abends ins Bett und sprechen Sie in Gedanken den ausgesuchten Satz, bis Sie einschlafen.

Sobald Sie in der Nacht aufwachen, fangen Sie wieder mit der Affirmation an und fassen Sie den Entschluss, jetzt eine ausserkörperliche Erfahrung zu machen.

Zur Intensivierung verbinden Sie eine Visualisierungsübung mit einer Affirmation.

3. Summen/Brummen

Summen oder Brummen Sie hörbar während des Einschlafens. Die Vibration des Brummens kann den Ablösungsprozess vom Körper beschleunigen! Legen Sie sich abends in Ihr Bett und brummen Sie sich in den Schlaf.

Wenn Sie in der Nacht aufwachen, genügt es, wenn Sie sich an den Brummton erinnern und ihn in Gedanken aufrechterhalten, bis Sie erneut einschlafen. Den gleichen Effekt erhalten Sie mit dem Singen des "OM"[6].

---

[6] Om (auch Aum) ist eine Silbe des Sanskrits, die bei Hindus, Jainas und Buddhisten als heilig gilt.

4. Luzide Träume

Sind Sie sich in einem Traum schon einmal bewusst gewesen, dass Sie träumen? Wenn ja, dann haben Sie bereits "luzide" geträumt!

Wenn Sie im Traum wissen, dass Sie träumen, können Sie den Traum nach Ihren Wünschen gestalten oder sich den Befehl geben: „Ich will jetzt zum Mond fliegen"; dadurch kommen Sie aus dem luziden Traumstadium in einen AKE-ähnlichen Zustand.

Eine einfache Methode im Traum luzide zu werden ist etwa, sich im Wachbewusstsein so oft wie möglich folgende beiden Fragen zu stellen: „Träume ich oder bin ich wach? Woran erkenne ich, dass ich nicht träume?" Beantworten Sie sich immer wieder diese Fragen.

Sobald sie zur Gewohnheit geworden sind, werden Sie sich das auch im Traumzustand fragen; dadurch werden Sie sich des Traumstadiums bewusst, (erwachen dort) und können in den AKE-Zustand wechseln, indem Sie sich bewusst wünschen, was Sie wollen.

Wenn Sie die Ablösung des Astralkörpers vom physischen Körper nicht bewusst wahrnehmen möchten, um das eventuell unangenehme Gefühl der Schwingungserhöhung des Astralkörpers zu vermeiden, müssen Sie den luziden Traum benützen.

Wenn Sie noch nie klargeträumt haben und das trainieren möchten, gibt es dazu viele Anleitungen, die Sie im Internet finden können.

Probieren Sie auf jeden Fall alle Techniken von 1 – 4 durch (Reihenfolge ist egal). Sie können dann Ihre Lieblingsübung auswählen und sie gegebenenfalls mit einer anderen Anleitung kombinieren, um dann für längere Zeit dabei zu bleiben.

Das Training mittels Versuch und Irrtum wird zeigen, welche Technik bei Ihnen am besten funktioniert.

Seien Sie offen – die Möglichkeiten zu üben sind unbeschränkt. Es gibt immer wieder Zeiten, in denen man selbst sehr schlecht ein- oder durchschläft oder vermeintlich gar nicht schlafen kann.
Diese Phasen sind ausgezeichnet um die Übungen zu praktizieren oder AKE-Erfahrungen zu machen, weil der Geist zu diesem Zeitpunkt hellwach und der Körper müde ist.

Wenn Sie merken, dass Sie im Bett *nur* tief und traumlos durchschlafen, sollten Sie zuerst ein paar Stunden schlafen und sich erst danach für die hier erwähnten AKE-Aufgaben einen Wecker stellen. Sinnvoll ist es auch sich einen anderen Liegeplatz zu suchen, zum Beispiel das Sofa im Wohnzimmer, um dort das Training zu beginnen oder damit fortzufahren.

Wenn die Möglichkeit besteht, dass Sie frühmorgens nicht zu einer bestimmten Uhrzeit aufstehen müssen, können Sie auch *nur* während der Aufwachphase üben.

Sollten Sie einen Mittagsschlaf halten, können Sie diesen auch für die AKE-Praxis nutzen.

Eine AKE ist meines Erachtens nur möglich, wenn der physische Körper schläft und der Geist bewusst bleibt. Ausgenommen sind spontane AKEs, manchmal auch als Nahtodeserlebnisse bekannt. Sie können in extremen Stresssituationen, wie zum Beispiel bei Schlafmangel, Unfällen, Operationen oder Verbrechen auftreten.

Die Kundalini-Energie
Abb. 7

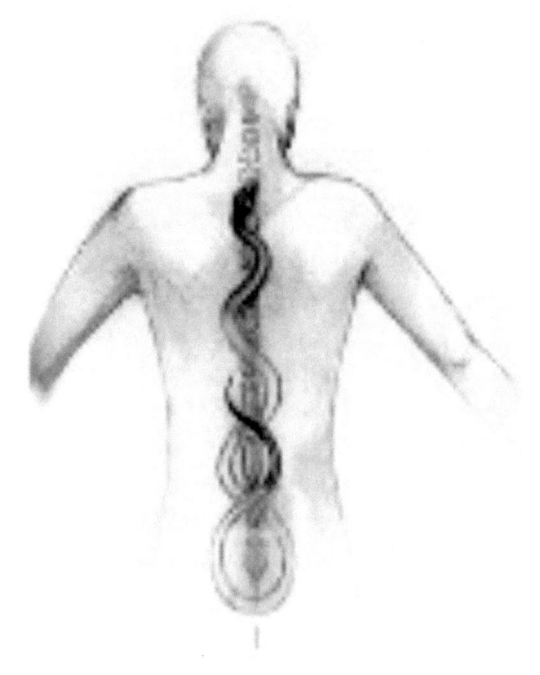

Die Kundalini[7] befindet sich im Basis-Chakra am unteren Ende der Wirbelsäule.

---

[7] Sanskrit: kundala "gerollt, gewunden".

Sie ist eine kosmische Kraft, die symbolisch als eine zusammengerollte schlafende Schlange in der indischen Mythologie dargestellt wird. Man nennt die Kundalini-Energie auch Schlangen- oder Sexualkraft. Wenn sie erweckt wird, kann sie entlang der Wirbelsäule bis hoch zum Scheitel aufsteigen. Das Aktivieren dieser Energie fördert die spirituelle Entwicklung.

In vielen meiner AKEs wurde während des Ablösungsprozesses die Kundalini-Energie stark aktiviert. Ich spürte regelrecht, wie sie an meiner Wirbelsäule hinauf und hinab strömte und mir verhalf den Körper zu verlassen.

Mit der nachfolgenden Übung können Sie die Kundalini-Kraft sanft anregen und sie gleichzeitig direkt für das AKE-Training benutzen (Abb. 8).

Abb. 8

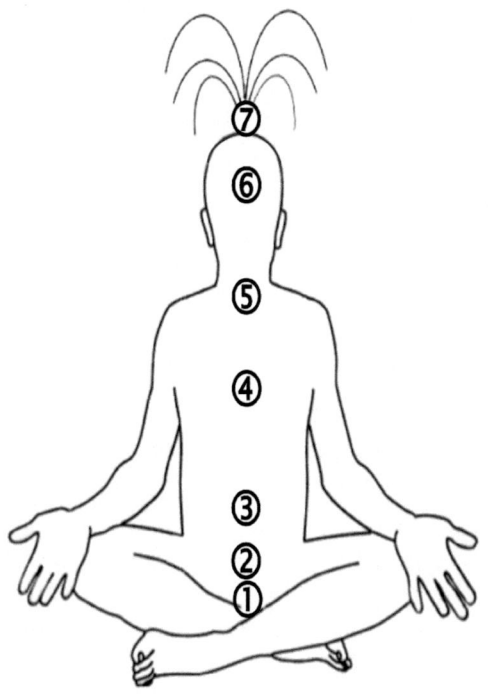

- Setzen Sie sich auf einen Stuhl oder im Schneidersitz auf eine Unterlage. Atmen Sie ganz bewusst ein und aus. Nehmen Sie die sitzende Position wahr und beobachten Sie den eigenen Atem, bis Sie sich entspannt fühlen.

- Stellen Sie sich vor, dass Ihre Kundalini-Energie in Form einer *symbolischen* zusammengerollten Schlange an Ihrem Wurzel-Chakra (1) – *auf der Wirbelsäule in Höhe des Steissbeins* – liegt. Dadurch, dass Sie beim Einatmen jedes Mal Ihr Gesäss und Ihren Unterbauch anspannen, steigt die Schlangenenergie auf.

- Beim Ausatmen entspannen Sie sich und lassen Sie den Schlangenkopf an der Stelle ruhen, wo Sie beim Einatmen aufgehört haben.

- Visualisieren Sie, wie die Schlange langsam Ihre Wirbelsäule bis zum Sexual-Chakra (2) – *liegt auf Kreuzbeinhöhe einige Fingerbreit unterhalb des Nabels* – nach oben steigt. Dort angelangt, legt sie eine orangenfarbige Blüte ab.

- Ziehen Sie dann die Schlange weiter auf der Wirbelsäule nach oben, bis sie beim Solarplexus-Chakra (3) – *liegt circa Handbreit oberhalb des Bauchnabels* – angekommen ist. Stellen Sie sich vor, wie sie aus ihrem Mund eine schöne gelbe Blüte hinterlässt.

Verweilen Sie dann dort eine Weile, bis Sie das Gefühl haben, die Übung fortsetzen zu wollen oder die Übung zu beenden.

- *Sie können jederzeit die Aufgabe unterbrechen oder beenden, in dem Sie sich beim Ausatmen vorstellen, wie die Schlangenenergie langsam zurückgleitet und sich beim Wurzel-Chakra wieder zusammenrollt.*

- Sollten Sie sich sicher fühlen, können Sie die Schlange weiter bis zum Herz-Chakra (4) – *auf der Wirbelsäule in der Mitte des Brustbereiches* – hin bewegen, wo sie eine grüne Blüte ablegt.

- Danach versuchen Sie die Kundalini bis zum Kehl-Chakra (5) – *im Bereich des Kehlkopfes auf der Halswirbelsäule* – hinaufzuziehen, die Blüte an diesem Ort können Sie sich blau vorstellen.

- Wenn Sie später beim Stirn-Chakra (6) – *zwischen den Augenbrauen, etwa zwei Finger breit oberhalb der Nasenwurzel* – angelangt sind, entsteht an der Stirn eine violette Blüte.

- Zum Schluss stellen Sie sich vor, wie sich die Schlangenkraft aus Ihrem Kronen-Chakra (7) – *am Scheitelpunkt des Kopfes* – weiter hinaus in einer goldenen Fontäne oder auch in einer weissen Blüte ergiesst.

- Legen Sie sich dann für mindestens zwanzig Minuten hin, um einfach nur in Frieden in sich selbst zu ruhen oder beginnen Sie mit einer ausgewählten AKE-Übung zu trainieren bis Sie einschlafen.

- Zur Beendigung der Kundalini-Übung lassen Sie die Schlange bei jedem Ausatmen zurückgleiten, bis sie wieder zusammengerollt an Ihrem Steissbein liegt. Falls Sie während des AKE-Trainings eingeschlafen sind, brauchen Sie nach dem Aufwachen die Kundalini nicht mehr zum Steissbein zurückführen.

Wenn Sie sich keine Schlange vorstellen möchten, visualisieren Sie sich die Kundalini-Energie als Wasserstrahl, der die Wirbelsäule hinaufsteigt.

Gutenachtgeschichte für Kinder

Sie können Ihren Kindern Geschichten jeglicher Art vor dem Zubettgehen erzählen. Dabei sollten Sie allerdings zwei Dinge beachten: Erstens sollte das Fliegen stets mit eingeschlossen sein und zweitens darf die Geschichte nicht enden, ohne dass das Kind eine Aufgabe gestellt bekommt, die es im nächtlichen Traum löst und am Morgen erzählen kann.

Dabei ist es nicht wichtig, ob das Kind die Geschichte AKE-mässig erlebt, geträumt oder ausgedacht hat. Bauen Sie auf keinen Fall einen Erfolgsdruck auf! Die Geschichte soll nur die Phantasie anregen und Spass machen.

Die Erzählung könnte folgendermassen lauten:

Ein wunderschöner kleiner Engel geht auf eine Abenteuerreise zum Mond und sucht noch einen Freund, der ihn auf dieser Reise begleitet.

Fragen von Ihnen an Ihr Kind:

Würdest du ihn gerne begleiten?
Wie könnte der Engel aussehen und heissen?

Lassen Sie Ihr Kind den Engel gut beschreiben und ihm auch einen Namen geben.

Wenn du jetzt einschläfst, wirst du im Traum diesen Engel sehen. Er wird bereits auf dich warten und mit dir zum Mond fliegen, um dir dort seine Lieblingstiere zu zeigen und mit dir zu spielen.
Auf dem Mond wird er dir ein Geschenk geben und dich anschliessend zur Erde geleiten, damit du dann wieder bei Mama und Papa aufwachen kannst.
Merke dir alles sehr gut, damit du morgen früh erzählen kannst, was du erlebt hast.

Am nächsten Tag fragen Sie dann Ihr Kind nach seiner nächtlichen Reise.

- Hat es den Engel getroffen?
- Wie sah er aus?
- Sind sie zusammen auf den Mond geflogen?

- Wie sah es auf dem Mond aus?
- Wie war das Gefühl des Fliegens?
- Was sind die Lieblingstiere des Engels?
- Was für ein Geschenk hat das Kind vom Engel erhalten?
- Möchte es den Engel wieder treffen?
- Auf welche Reise könnte der Engel heute Nacht gehen wollen?

Erweitern Sie wenn nötig die Geschichte Ihres Kindes, lassen Sie der Phantasie freien Lauf.

Wenn ältere Kinder gut darauf ansprechen, könnte man anstelle eines Geschenkes auch die Lösung eines Problems auf dem Mond finden, die der Engel dort aufzeigt.

Es macht riesigen Spass, erhält die Erinnerung an AKE wach und bringt viel Neues.

Hilfe für Sterbende

Wenn ein Angehöriger von Ihnen im Sterben liegt, können Sie diesem Menschen helfen.

Dazu müssen Sie eine geistig reine Plattform schaffen. Das tun Sie am einfachsten, indem Sie diesen Menschen um Verzeihung bitten bei allem, wo Sie ihm wissentlich oder unwissentlich geschadet haben.
Gehen Sie davon aus, auch wenn er nicht mehr ansprechbar oder im Koma liegt, dass der Sterbende Sie auf irgendeine Weise wahrnimmt. Nehmen Sie seine Hand und sagen Sie ihm, dass Sie ihm ebenfalls alles verzeihen.
Damit Sie ihn nicht zurückhalten, ist es wichtig nach dem Gesagten seine Hand wieder loszulassen. Er soll freigegeben werden, um in seinen Sterbeprozess eintauchen zu können.

Schauen Sie dann den Leib des Sterbenden von unten nach oben auf *der* Linie an, wo die Chakras liegen. Sie werden intuitiv merken, wo sich die Lebensenergie in Form eines kugelförmigen blau-fluoreszierenden Lichts im Körper des Sterbenden sammelt. Ziehen Sie diese Energie dann kraftvoll über jedes weitere Chakra nach oben bis zum Kronen-Chakra.

Danach visualisieren Sie aktiv, wie sein Geist den physischen Körper über das Kronen-Chakra verlässt und als blaues kugelförmiges Licht hinaus ins Universum strömt und dort in ein wunderschönes weissgoldenes göttliches Licht eingeht.

Optimal wäre es, wenn der Geist den Körper über das Kronen-Chakra verlassen könnte. Wenn Sie aber spüren, dass es *nur* bis zu einem anderen Chakra reicht, dann ist das auch in Ordnung. Lassen Sie die Lebensenergie einfach aus dem spezifischen Chakra hinaus ins Universum in das göttliche Licht hinein fliessen.

Diese Übung kann sehr anstrengen, und es kann auch sein, dass Sie sie mehrmals wiederholen müssen, um in einen "Fluss" zu kommen. Am besten fängt man mit der Visualisierung an, wenn man spürt, dass es mit dem Angehörigen "zu Ende" geht.

Scheuen Sie sich nicht, diese Vorstellung zu praktizieren; wenn Sie es von Herzen machen und dem Sterbenden das Beste und "Gottes" Segen wünschen, können Sie gar nichts falsch machen. Im Gegenteil; Sie begleiten den Angehörigen mental in die geistige Welt.

Sie können die Anleitung auch einem sterbenden Menschen immer wieder vorsagen oder sie im Geiste laut sprechen, der Sterbende könnte Ihre Gedanken hören. Es ist besser, klare und deutliche Gedanken zu haben, als verlegen an einem Sterbebett zu stehen, nicht so recht wissend, was zu tun ist, und wirre oder ängstliche Gedanken zu hegen, die dem Sterbenden sicherlich nicht dienlich sind.

In dem Falle müssten Sie, die Übung in Worte fassen, zum Beispiel:

„Deine Lebensenergie und dein Geist steigen immer weiter nach oben. Verlasse deinen physischen Körper über das Kronen-Chakra, und halte Ausschau nach dem Licht. Dieses göttliche Licht ist deine Seele" (oder dein Hohes Selbst, aber auch je nach Glaubensrichtung des Sterbenden ist das Licht Gott, Jesus, Maria, etc.).

Wiederholen Sie diese Sätze im Geiste immer wieder machtvoll. Sie können auch Ihre eigenen Formulierungen benutzen. Wichtig ist, dass Sie nicht zu viel reden oder denken. Halten Sie es einfach. In einem solchen Falle bewirkt weniger mehr. Bleiben Sie dafür eindringlich und klar, das erhöht die Chance, dass der Sterbende das Gedachte oder Gesagte wahrnehmen kann.

Diese Anleitung können Sie auch für sich selbst benutzen, wenn Sie wissen, dass Ihr Tod nahe ist. Machen Sie die Übung schon viele Wochen vorher, so dass sie Ihnen in Fleisch und Blut übergeht, denn in der Todesstunde sollte alles automatisch ablaufen. Konzentrieren Sie sich so lange wie möglich auf Ihren Scheitel und versuchen Sie aus dem Kronen-Chakra auszutreten und in das strahlende Licht des göttlichen Bewusstseins einzugehen.

Wenn Sie ein AKE-Reisender sind, werden Sie beim "Übergang" sehr genau wissen, wie Sie sich im Sterbeprozess verhalten müssen. Der Geübte hat sicherlich den Vorteil, dass er eine hohe Konzentrationskraft und Bewusstheit besitzt und diese lange aufrechterhalten kann. Er wird vielleicht vor dem endgültigen Tod noch einige AKEs machen, bis er einfach "draussen" bleibt. Für die Hinterbliebenen heisst es dann; er ist im Schlaf gestorben.

Ich bin mir sicher, dass sich während der Todesphase der Astralkörper leicht und natürlich vom physischen Körper löst, nicht vergleichbar mit einer selbstausgelösten AKE-Reise. Todeskämpfe könnten verringert werden, im Wissen, dass das Leben nach dem Tod weiter geht.

Oftmals ist es auch so, dass das Bewusstsein zum Beispiel bei Unfällen oder bei Verbrechen viel früher den Körper verlässt und sich in den Astralkörper verlagert, während der Sterbende vermeintlich noch mit dem Tode ringt.

Häufig gestellte Fragen

Warum kann ich mich so schlecht an meine Träume erinnern?

Das liegt daran, dass ganz andere Hirnregionen während des Schlafens aktiv sind, was EEG-Messungen auch bestätigen. Sobald wir aufwachen, verlagern sich unsere Gehirnströme in den Wachzustand (Beta-Bereich). Wir können nicht mehr bewusst in die verschiedenen Schlafbereiche (Alpha, Theta oder Delta) zurückkehren, um dort die fehlenden Informationen für unseren Wachzustand abzurufen.

„Kann ich in die Zukunft reisen?"

Es gibt andere Methoden, die dafür besser geeignet sind; da man nie genau wissen kann, inwiefern die Wunschvorstellung mitschwingt.

„Wie kann ich sicher sein, dass ich eine AKE hatte und nicht einfach träumte?"

Eines kann ich Ihnen ganz sicher sagen, wenn man eine AKE-Reise einmal erlebt hat, kennt man den Unterschied ganz genau.

Gerne erwähne ich hier noch einmal die markanten Merkmale einer AKE:

- Diverse Schwingungserscheinungen treten auf.
- Sie sind aktiver Teilnehmer einer Szenerie, das heisst Sie treffen bewusste rationale Entscheidungen und nutzen dabei Ihren Verstand.
- Sie können durch physische Objekte hindurch gehen.
- Sie erleben ein Gefühl von Freiheit, Wohlsein, erweitertem Bewusstsein, manchmal Euphorie.
- Sie sprechen telepathisch mit anderen Wesenheiten.
- Oftmals wird der Aus- und/oder Eintritt in den physischen Körper wahrgenommen.

Dies alles geschieht im Traum nicht.

„Kann ich altes Wissen wie etwa von den Atlantern oder den Aborigines abrufen?"

Entscheiden Sie sich für *ein* altes Wissen und bitten Sie im AKE-Zustand darum. In etwa so: „Ich rufe das alte Wissen von Atlantis (oder den Aborigines) jetzt ab" und schauen Sie was passiert. Tun Sie das in mehreren nachfolgenden AKEs.

„Kann ich die AKE-Methode dazu benutzen, um das Erlernen von Fremdsprachen zu unterstützen?"

Ja, indem Sie um die Fähigkeit im AKE-Zustand bitten. Entscheiden Sie sich aber für *eine* Fremdsprache und erst wenn Sie diese dann erlernt haben, wählen Sie sich eine neue Sprache aus.

„Kann ich vermisste Menschen auffinden?"

Es muss möglich sein. Ich selbst habe es noch nie ausgetestet, da ich mich mit diesen Themen nicht beschäftigen möchte. Probieren Sie es ruhig aus; wenn Sie sich zu der vermissten Person hingezogen fühlen, könnte es klappen.

„Ist es möglich mit AKE Menschen nachzuspionieren?"

Bei der dieser Art Aufklärung können Sie nie wissen, ob es Ihre Befürchtungen sind, die sich darstellen oder es sich um eine echte Wahrnehmung handelt. Ich würde davon abraten.

„Kann ich bei einer AKE Fehler machen?"

Meines Erachtens nicht! Der grösste Fehler der passieren kann ist, dass Sie sehr schnell wieder in Ihrem physischen Körper landen. Ausserdem lernt man bekanntlich aus den eigenen Fehlern am besten.

„Ich habe einmal eine AKE erlebt die mir auch Spass gemacht hat, nur den Ablösungsprozess empfand ich als unangenehm. Ich merke, dass mich die Erinnerung an das Unangenehme daran hindert, eine neue ausserkörperliche Reise zu machen. Was kann ich dagegen tun?"

Viele Menschen die schon einmal den Schwingungszustand erlebt haben und ihn als bedrückend empfanden, blockieren sich insgeheim, weil Sie sich vor den Phänomenen der Schwingungserhöhung fürchten.

Die Wahrscheinlichkeit ein weiteres AKE-Erlebnis zu haben, wird damit natürlich radikal gemindert. Für Mütter habe ich da einen Tipp:

Erinnern Sie sich daran, als Sie Ihr Baby auf die Welt brachten? Sie mussten sich voll und ganz in die Situation und in den Wehenschmerz hineinbegeben. Jegliche Art von Panik hätte die Geburt nur unnötig verlängert oder sogar gefährdet. Sobald Ihr Kind da war, waren alle Schmerzen verschwunden.

So funktioniert das auch beim Ablösungsprozess. Lassen Sie ihn zu! Setzen Sie sich nicht zur Wehr, und denken Sie sich sogleich vom Körper weg, die unangenehmen Wahrnehmungen hören dann sofort auf.

Für alle anderen Menschen kann ich nur noch einmal betonen: Gehen Sie mutig, vertrauensvoll und mit dem eisernen Willen eine AKE zu machen, in den Prozess hinein und hindurch; es passiert nichts, ausser dass sich der Astralkörper vom physischen Körper löst und Sie endlich in den Genuss einer AKE kommen.

Mit der Zeit werden Sie sogar Gefallen an der Schwingungserhöhung finden. Ausserdem, ist es ja gar nicht gesagt, dass Sie eines der "unangenehmen" Phänomene erleben müssen.

„Wie Sie geschrieben haben, waren Ihre ersten AKE-Erfahrungen spontan, warum oder was denken Sie, hat diese AKEs ausgelöst?"

Warum dies alles mit mir geschah, weiss ich nicht. Während dieser Zeit beschäftigte ich mich mit Esoterik (aber nicht mit Astralreisen) erlernte Meditation und gab das Rauchen auf. Ich hatte keine schwerwiegenden Probleme sondern lebte das Leben eines ganz normalen "Twenties".

„Wie haben Sie sich durch diese Erfahrungen verändert?"

Über mich selbst habe ich viel erfahren, das gibt mir Mitgefühl für meine Mitmenschen und mich selbst. Es ist mir bewusst, dass das Leben auf dieser Erde nur beschränkte Zeit währt, und ich für meine Gedanken, Handlungen und Lebenssituationen selbst verantwortlich bin.

Die grösste Veränderung ist, dass der Tod seinen Schrecken verloren hat, ich furchtloser durchs Leben gehe und jederzeit bereit bin den Tod anzunehmen – im Wissen, dass ich meinen Sterbeprozess erleichtern kann.

Bevor das jedoch passiert, vertraue ich dem Leben, geniesse es und versuche meine Erfahrungen als Hilfe zur Selbsthilfe weiterzugeben, damit sich die Menschen bewusst werden, dass es eine feinstoffliche Welt gibt, die sie jetzt bereits erleben können.

Trotz allen Erfahrungen, die ich dabei gesammelt habe, bleibt es einfach "nur eine Erfahrung" und ändert nichts an der Tatsache, dass ich immer noch ein ganz normaler Mensch bin mit all meinen Schwächen und Stärken.

Nachwort

Mit diesem Buch haben Sie ein Werkzeug in der Hand, dazu gedacht um Ihr Tagesbewusstsein mit hinüber in das Schlafbewusstsein zu nehmen. Der Kreis hat sich geschlossen. Sie sind ein bewusster Reisender zwischen den Welten!

Wenn Sie gewohnt sind, AKEs zu machen, trennen Sie sich zum Zeitpunkt des Todes leicht von Ihrem Körper. Gerade das Üben, sich in den Ablösungsprozess hineinzugeben, anstatt sich dagegen zu wehren, wird den Übergang von der materiellen in die geistige Welt vereinfachen.

Die Menschen sollten zu Lebzeiten den Tod in ihr Weltbild mit einbeziehen. Denken Sie nur wie unsere Welt aussehen könnte, wenn der Tod in unserer Gesellschaft nicht ausgeschlossen werden würde und ein Leben "Danach" ein allgemeingültiges Gedankenmodell wäre. Die Menschen hätten sicherlich ein höher ausgeprägtes Moral- und Ethikempfinden und würden mehr Achtsamkeit und Selbstverantwortung für ihre Gedanken und Taten aufbringen.

Und so unschöne Dinge wie Ausbeutung von Mensch und Natur und das Schielen nach kurzfristigen, nicht anhaltenden Erfolgen, gehörten vielleicht (endgültig) der Vergangenheit an.

Im tibetanischen Buddhismus heisst es: *„Erst wenn Du den Tod jeden Tag in Dein Leben integrierst, kannst Du erst richtig leben"*. Einige berühmte tibetanische Meister pflegten jedes Mal, bevor sie schlafen gingen, ihre sorgfältig gesäuberte Teetasse umgekehrt neben ihr Bett zu stellen, im Nichtwissen ob sie den nächsten Morgen wieder erleben würden und dann keine Verwendung mehr für die Tasse haben würden.
(Quelle: Das tibetische Buch vom Leben und vom Sterben, Sogyal Rinpoche.)

Ich bin nicht die Welt –
Ich bin nicht das Universum –
Ich bin nicht der Atem –
Ich bin nicht die Dunkelheit –
Ich bin nicht das Licht –
Ich bin auch nicht das Nichts –
Das, was ich bin, ist das ICH BIN und das ist ALLES!

Nur für den Fall...

...in der ganzen Menschheitsgeschichte findet man Beweise für die Existenz von AKEs.

Die ältesten Belege stammen vor 3.000 bis 5.000 Jahren aus Ägypten. Bei den alten Griechen fand man in den Schriften der Philosophen Hinweise, in denen Phänomene beschrieben wurden, die die Charakteristika von AKEs aufweisen. Ebenfalls findet der Interessierte Beweise darüber in der Bibel, unter anderem die Apokalypse des Johannes I:10-II und 4:2.

Im Mittelalter wurde dieses alte Wissen im Verborgenen praktiziert und weitergegeben, so dass viele Mythen und Unwahrheiten betreffend AKEs entstanden sind und bis heute noch anhalten.

Jedoch gab es seit den letzten zwei Jahrhunderten einige Pioniere auf diesem Gebiet der Bewusstseinsprojektion, die die Gesellschaft beeinflussten und AKEs in der Neuzeit wieder "aufleben" liessen.

 Sandra C. Tschan lebt zurzeit mit ihrer Familie in der Schweiz im Kanton Luzern.

Schreiben Sie der Autorin Ihre Erfahrungen, die Sie mit ausserkörperlichen Reisen gemacht haben. Gerne können Sie auch Ihre Fragen an folgende e-Mail-Adresse stellen:

info@out-of-body.ch

Weitere Informationen erhalten Sie unter:

www.out-of-body.ch

Literaturverweise

Buhlmann William: Out of body, Econ Ullstein List Verlag, 2001.

McMoneagle Joseph: Mind Trek, Omega-Verlag, 1998.

Monroe Robert A.: Der Mann mit den zwei Leben, Ansata-Verlag 1981.

Monroe Robert A.: Der zweite Körper, Ansata-Verlag, 1996.

Monroe Robert A.: Über die Schwelle des Irdischen hinaus, Ansata-Verlag, 1997.

Sheldrake Rupert: Das schöpferische Universum, Ullstein Verlag 1993.

Sogyal Rinpoche: Das tibetische Buch vom Leben und vom Sterben, O.W. Barth Verlag, 1994.

Im mindspeed-Verlag erschienene Bücher:

Unsere Wirklichkeitssicht ist das Ergebnis der schöpferischen Prozesse unseres Gehirns. Sie wird bestimmt durch unsere Vermutungen und Annahmen, von denen wir glauben, sie würden der Realität entsprechen. Die sich daraus ergebenden Alltagshandlungen führen jedoch vielfach zu persönlichen Krisen oder Konflikten mit unseren Mitmenschen. Albert Tschan zeigt einen verblüffend einfachen Weg, über den sich diese Hindernisse beseitigen lassen. Er nimmt dabei kein Blatt vor den Mund und konfrontiert Sie, oft sehr direkt und ernüchternd klar, mit den Illusionen der menschlichen Gesellschaft. Riechsalz fürs Bewusstsein ist geschrieben worden, um Ihren Verstand herauszufordern und zwar umfassend und nicht nur oberflächlich. Dieses Buch verleitet dazu, bewusst eine Wirklichkeit zu erschaffen, die das eigene Potenzial befreit und ihm Ausdruck verleiht. Es tut alles, was einem Buch nur möglich ist. Es bietet Ihnen jene Informationen an, mit denen Sie Ihr Leben verändern können – hin zu einer besseren Qualität, zu einer höheren Stabilität und vielen zusätzlichen Glücksmomenten.
Riechsalz fürs Bewusstsein enthält sehr viele Informationen. Es ist ein Buch, bei dem es sich lohnt es immer wieder aufs Neue zu lesen.

Taschenbuch, 280 Seiten, November 2009
ISBN 978-3-03-302236-2

Taschenbuch
232 Seiten
Oktober 2004

ISBN-10:
3033002161

ISBN-13:
978-3033002166

Das Buch zeugt von persönlich motiviertem, langjährig fundiertem Engagement der Autoren für mehr Bewusstsein im Leben und der Hilfe zur Selbsthilfe. Es beschreibt eine Zusammenfassung an einem bestimmten Punkt eines sehr bewegten und erkennenden Lebens. Der bestimmte Punkt ist das Jetzt. Davon ausgehend weist das Buch in die Zukunft und skizziert Möglichkeiten der Veränderung jedes Individuums zum Ziel der Persönlichkeitsentwicklung, Selbstverwirklichung und ganzheitlichen Lebensplanung, mit umfangreichen praktischen Tipps für den Alltag.

Jeder einzelne inhaltliche Teilbereich würde für sich allein schon ein Buch füllen, so dicht kommen die Informationen. Oft sehr direkt, kontrovers und pointiert, in bildhafter Sprache und mit klaren gesellschaftskritischen Elementen zeigen die Autoren verschiedene Betrachtungsweisen und Interpretationen des menschlichen Verhaltens und der Gesellschaft. Manche Passagen könnten den Leser durchaus provozieren, was aber die Absicht der Autoren an diesem Punkt genau trifft. Aufrütteln ist das Motto!

Ein Kinderbuch mit viel „Tiefgang" auch für Erwachsene, die sich die Zeit nehmen, die Bilder genauer anzusehen und auch „zwischen den Zeilen" lesen können.

Die Geschichte handelt von einem Baum, der krumm gewachsen ist und sich dadurch für unbedeutend und hässlich hält. Sein sehnlichster Wunsch besteht darin etwas Besonderes zu sein. Er hadert mit seinem vermeintlichen Unglück, und hat nur noch wenige Freunde. Doch an seinem Geburtstag geschieht ein Wunder. Mit Hilfe seiner Freunde beginnt er zu erkennen was er schon immer war: Ein Wunderbaum!

Nur beim mindspeed-Verlag erhältlich

www.mindspeed.ch
info@mindspeed.ch

Der Wunderbaum
ISBN-10: 3-033-00464-4

Nur beim mindspeed-Verlag erhältlich

www.mindspeed.ch
info@mindspeed.ch

Die Abenteuer der 3 T
ISBN 978-3-033-01215-8

Eine spannende Detektivgeschichte in einer nicht alltäglichen Zirkuswelt. Für Kinder von 5 bis 12 Jahre.

Im neuen Buch von Ingrid Tschan dreht sich alles um einen kleinen Tiger und einen kleinen Bären, die, von einem Zirkusplakat magisch angezogen, heimlich die Vorstellung besuchen wollen. Der kleine Bär Ted und der kleine Tiger Timo wollen eigentlich nur ein bisschen Zirkusluft schnuppern, doch der Zirkusdirektor mit dem seltsamen Namen behält sie gleich da. Sie geraten in turbulente Abenteuer und müssen mit einem Weder-Mensch-noch-Tier-Wesen eine Entführung verhindern. Es ist nur eine Frage der Zeit, bis sie zu Helden werden.

Als Illustrator für ihr Buch konnte die Autorin den bekannten Schweizer Illustrator Paul Degen gewinnen, der neben seiner freien Tätigkeit auch als Cartoonist und Illustrator für die New York Times, Esquire, Harper's Magazine und The Atlantic Monthly in den Push Pin Studios arbeitet.

Bücher von befreundeten Autoren:

Ackermann Andreas: Easy zum Ziel, Peter Erd-Verlag, 2000.

Ackermann Rita: Ab heute tu ich, was ich will! Peter Erd-Verlag, 1997.

Ackermann Rita: Ab heute lasse ich mir Flügel wachsen, Peter Erd-Verlag, 2001.

Werbach Axel: Unser Bewusstsein, der Komponist unserer Lebensmeldodien, Bod GmbH, 2007.

Woltemath Andreas: Kindermärchen als mp3-Files downloaden unter: www.deinemaerchen.de.